河出文庫

JALの心づかい

グランドスタッフが実践する究極のサービス

上阪徹

河出書房新社

はじめに

あなたの仕事を変える、一歩先を行くサービスの秘密

みなさんが普段、飛行機を利用するときとは、いったいどんなシチュエーションでしょうか。

「国内外を問わず、旅行に行くとき」
「仕事で出張に出かけるとき」
「お盆やお正月に帰省するとき」

ほかにも、いまでは修学旅行や企業研修などでも、飛行機を気軽に利用する時代です。そして私たちが飛行機を利用するとき、例外なく向かう場所があります。

そうです、空港です。

空港では、多くの人たちがそれぞれのワクワク感や緊張感を持って、自分が搭乗す

る飛行機を待っています。そんな空港の雰囲気が好き、という人は意外に多いと思います。


空港に一歩、足を踏み入れると、実に多くの人たちが行き交っています。

旅慣れている人もいれば、初めて飛行機を利用する人もいる。ビジネスでこれから大勝負をかける人もいれば、急な出張で飛行機を利用するビジネスパーソンもいる。結婚式に出席するために故郷に向かう人もいます。

そんな、すべての人たちの旅を演出しているのが航空会社、エアラインですが、**真っ先に空港で出迎えてくれるのが、空港で働く「グランドスタッフ」と呼ばれる地上スタッフなのです。**

グランドスタッフの業務は、多岐にわたります。

チェックインカウンターや自動チェックイン機での対応はもちろん、航空券の予約・発券、さらには搭乗ゲートへと誘導し、機内にいる客室乗務員へバトンタッチをするのも、グランドスタッフの役割です。

私たちの目からは見えない空港の裏側では、飛行機を安全かつ快適に運航するための「縁の下の力持ち役」として、多くのグランドスタッフが日夜奮闘しているのです。

グランドスタッフがいるからこそ、私たちは空港で、快適な空の旅のスタートを楽しむことができている、というわけです。

私自身も仕事柄、飛行機を利用する機会があるのですが、家族との旅行では必ずＪＡＬを利用することにしています。

その理由は、まだ子どもが幼かった頃、ＪＡＬのグランドスタッフにはとてもお世話になったからです。

私に限らず、小さな子ども連れの旅行はひと苦労です。考えなければいけないことがたくさんあり、不安といつも隣りあわせ。でもそんなとき、いつも笑顔で的確な対応をしてくれたのが、ＪＡＬのグランドスタッフだったのです。

「なぜ、ＪＡＬのグランドスタッフは、あんなに感じがいいのか？」

エアラインのサービスといえば、真っ先に思い浮かぶのはＣＡ（キャビンアテンダント）と呼ばれる客室乗務員かもしれません。しかし、グランドスタッフもとても素晴らしいサービスをしてくれているのになぁ、という気持ちをずっと感じていました。

客室乗務員に関してはたくさんメディアの記事などがあっても、グランドスタッフについての情報はなかなか入ってきません。

ＪＡＬのグランドスタッフは、どうしてこんなに感じがいいのだろう、どうすればこんなサービスが育てられるのか、とても不思議に思っていたのです。

そこで誕生したのが、本書です。

実は、ＪＡＬの「感じ良さ」を評価しているのは、私だけではありませんでした。ＪＡＬは、国内最大級の顧客満足度調査「２０１７年度ＪＣＳＩ調査」で、国際航空部門の「ロイヤルティ（再利用意向）」は５年連続、「顧客満足」でも第１位を獲得しています。

また、リクルートライフスタイルの「エイビーロード・リサーチ・センター」が実施した２０１７年の国際線エアライン満足度調査でも、調査開始以来、初めて総合満足度１位になりました。「客室乗務員の接客サービス」部門１位、「空港内の航空会社職員の接客サービス」部門でも１位。つまり、ＪＡＬはサービス力で高い評価を得るエアラインになっているのです。

「エアラインの差はサービス力でつく。しかも、これは簡単に真似ができない」

これは、JALのトップである植木義晴社長の言葉です。

JALは経営破綻から見事なまでの復活を果たし、企業としてのサービス力が高く評価されてきています。そんな中で、実はグランドスタッフこそ、そのすばらしいサービスを支えているのではないか、と今回JALのグランドスタッフ関係者への取材を通じて感じました。

「人の印象は一瞬にして決まる」とよく言われますが、チェックインや搭乗ゲートなど、ほんのわずかな時間で好印象を作らなければいけないグランドスタッフは、まさにその達人といっても過言ではありません。

それこそ「究極のサービス」と言えるのではないか、とまで私は感じました。乗客は、旅行あり、ビジネスあり、所用あり、帰省あり、家族での移動あり……。求められるニーズは本当にさまざまな中で、それを瞬時に把握し、知識を総動員し、おもてなしの心で満足を作っていかなければいけないのです。しかも、本当に短い時間で、です。

その徹底した「プロフェッショナリズム」や「おもてなしの精神」は、エアラインでサービスを提供する人たちの垣根を越え、サービス業に携《たずさ》わる多くのビジネスパーソンの参考になると強く感じました。

どんな業種であれ、印象づくりについて、立ち居振る舞いや身のこなしについて、話し方や気づかい、気配りなどについて、グランドスタッフである彼女ら彼らから学べるものは、きっとたくさんあるはずです。

サービスというのは実に面白いもので、**受けている側が「心地がいい」「幸せな気分」と感じれば感じるほど、サービスを提供している側のたゆまぬ努力が隠されているものです。**

今回はＪＡＬの全面協力のもと、数十時間にのぼる濃密な取材によって、その隠された努力を見せてもらうことに成功しました。

取材をしてみると、「ここまでやっているのか」「こんなところまで見ているのか」「こういうことを考えているのか」という驚きの連続でした。なるほど、こんなふうにして、ＪＡＬらしい「心づかい」は実践されていたのかと驚かされることばかりでした。

本書ではＪＡＬのグランドスタッフのサービスの秘密について、余すことなく解説していきます。

第1章では、JALのサービス意識を変えた「JALフィロソフィ（哲学）」についてご紹介します。

第2章では、JALグランドスタッフが実践している具体的なサービスやおもてなしについて、どれもすぐに実践できるものばかりを集約しました。

第3章では、これまで明かされることがなかったJALのグランドスタッフの教育現場に迫ります。

第4章では、JALグランドスタッフの頂点を決める「空港サービスのプロフェッショナルコンテスト」の意義と新しい試みについてご紹介します。

そして第5章では、個性あふれるJALグランドスタッフたちの「生の声」や心温まるエピソードを紹介します。


「もっとサービスの高みを目指したい！」

「私の仕事でお客さまの笑顔をもっと増やしたい！」

「いつか、自分もグランドスタッフとして働きたい！」

そんな心意気で、自己のサービス力を向上させたいという方々のために、できるだけわかりやすく、かつ実践できる内容を意識して筆を走らせました。

本書が、多くの方のサービス力やおもてなしの向上の一助となれば、著者としてこれほどうれしいことはありません。

目次

ＪＡＬの心づかい　グランドスタッフが実践する究極のサービス

第1章 なぜJALは、選ばれるのか？
～マニュアルのないサービスとJALフィロソフィ～

第2章

グランドスタッフに学ぶ、おもてなしのスキル
～「ＪＡＬの心づかい」を実現させる接客10原則～

第3章

グランドスタッフは、どのようにして育てられているのか？

～新入社員がわずか2週間で変わる教育現場の秘密～

第4章

グランドスタッフのサービスを、さらなる高みに
～サービスコンテストからバリュースコア評価まで～

第5章

グランドスタッフに聞く、思いと個性を活かしたサービス
～現役グランドスタッフたちの忘れられないエピソード～

第1章

なぜＪＡＬは、選ばれるのか？

～マニュアルのないサービスとＪＡＬフィロソフィ～

ＪＡＬが目指す「世界で一番お客さまに選ばれ、愛される航空会社」

２０１０年1月19日、会社更正法の適用を申請し、経営破綻したのが、ＪＡＬでした。

このニュースは社会に大きな衝撃をもたらすことになりました。しかし、それからわずか2年後には、史上最高の営業利益を計上し、再上場を果たしました。これもまた、社会を大きく驚かせることになりました。

以後、ＪＡＬは好調な業績を維持しています。２０１７年3月期のグループ連結売上高は1兆２８８９億円。営業利益は１７０３億円。この5年を平均すると営業利益は１８００億円台、営業利益率としても14％強で、航空会社としてもハイレベルにあります。

もちろん破綻後に人件費の削減、不採算路線から撤退するなど、厳しい構造改革の結果が今につながっているわけですが、そればかりではありません。ＪＡＬは会社として生まれ変わった。「はじめに」でご紹介したとおり、いまやＪＡＬはさまざまなサービス評価で1位を獲得しています。ＪＡＬは、サービスで高い評価を得るエアラインになったのです。

ＪＡＬの再生について、執行役員で空港本部長の阿部孝博さんはこう語ります。

「**私たちが今、目指しているのは〝世界で一番お客さまに選ばれ、愛される航空会社〟になることです。**そのために強く意識をするようになったのは、お客さまが何を求めていらっしゃるのかをとにかく常に考えるということ。お客さまを中心に発想するということでした」

そして、この考え方から、思い切った発想の転換が行われるようになった、と阿部さんは続けます。

「お客さまのためにも、まずは社員を大切にしないといけない、ということです。これを、企業理念のひとつに据えています。そうすることで、私たちの商品・サービスを買ってくださるお客さまに対して、本当に目指すサービスの提供ができるからです」

破綻後に大きく変わったもの。そのひとつは、教育への取り組みの充実でした。厳しい経営環境の中、ＪＡＬはしばらく教育に大きなコストをかけることができませんでした。しかし、人への投資は、じわじわとボディブローのように会社に響いていきます。

「もちろん第一は安全です。そして、次に人財への教育投資に力を入れることを、今は強く意識するようになっています。社員は会社の『財《たから》』だからです」

では、教育投資が何を変えたのかというと、**実は働くスタッフのモチベーションです。これこそが、JALを大きく変えたものでした。**

「人と接することが好き。そのような動機で入社してくる社員が、とても多い会社です。教育を通じてスキルが上がれば、お客さまに喜んでいただく機会が増える。それは、自分自身の喜びにもつながっていきます。それがまた、好印象を作る。そんな好循環が生まれているのだと思っています。社員が幸せでないと、やはり本当の笑顔は出てきません」

そして、この教育の中心に据えられているものがあります。これこそが、JALのサービスを大きく変えたもの、と言っていいと思います。「JALフィロソフィ」です。

「JALフィロソフィ」がすべての思考と行動のベースとなる

ＪＡＬフィロソフィは、経営破綻から1年経った２０１１年1月19日に発表された、社員の行動哲学ともいうべきものです。

ＪＡＬ再生をリードしたのが、京セラ創業者の稲盛和夫さんであることはよく知られていますが、稲盛さんが破綻したＪＡＬの課題として捉《とら》えていたのが、意識の改革でした。リーダー教育を徹底する一方、全社員の意識改革が必要になると考えたのです。

ＪＡＬフィロソフィは40項目あり、ＪＡＬのウェブサイトでも紹介されていますが、冒頭には植木義晴社長のこんなメッセージが綴《つづ》られています。

私たちは一人ひとりの意識を変えていくことが必要と考え、ＪＡＬのサービスや商品に携《たずさ》わる全員がもつべき意識・価値観・考え方として、ＪＡＬフィロソフィを策定しました。これにより、私たちは同じ価値観をもち、判断および行動をしていくことで、全員が心をひとつにして一体感をもって、お客さまに最高のサービスを提供し、企業価値を高めることで、社会の進歩発展に貢献していくよう全力を尽くしていきます。

ＪＡＬフィロソフィは、稲盛さんのリーダー教育に参加していた約50人中、運航、整備、客室、空港、貨物など現場の各部門から10人のメンバーが選ばれ、京セラからアドバイザーも加わり、内容を検討していきました。

現場の各部門のリーダーが中心となって作られたわけですから、現場に即したものになっているのは、言うまでもありません。

経営の考え方からリーダーの行動、現場のサービスに至るまで、今のＪＡＬのベースになっているのが、このＪＡＬフィロソフィなのです。前出の阿部さんは語ります。「自分たちの行動や体現したものが、ＪＡＬフィロソフィのどこに結びついているのか、ということを、常に経営陣や社員は考えるようになっています」

もちろん、ＪＡＬフィロソフィを策定しただけでは、こんなことにはなりません。社内にＪＡＬフィロソフィを浸透させるべく、徹底的な取り組みが行われてきたのです。例えば、職場によってはＪＡＬフィロソフィの1項目を「今日のＪＡＬフィロソフィ」に設定して、それについて「こう実行していこうと思う」「こうすればＪＡＬフィロソフィに沿った行動になると思う」といった発表を、毎日のように行っているのです。

驚かされるのは、策定から6年経った今なお、ＪＡＬフィロソフィを学ぶ教育が行われていることです。しかも、**なんとグループ全社員が年3回受講することになっているのです。**

ＪＡＬグループの社員は約3万３０００人。海外のスタッフや外部委託している国内空港のスタッフも学んでいます。

テーマは毎回、変わります。後に紹介しますが、ＪＡＬフィロソフィの項目である「人間として何が正しいかで判断する」「常に明るく前向きに」「公明正大に利益を追求する」「最高のバトンタッチ」など、テーマが設定され、これについて2時間、チームに分かれて討議を行っていったりするのです。

現場での取り組み、稲盛さんの講演、植木社長のコメント等が紹介されたり、ディスカッション、ワークシートへの記入など、内容は多岐にわたります。参加者は、役員から新入社員まで階層も職種もその都度バラバラです。しかも5名程度のグループでの参加となるため、みな真剣に教育に向き合います。

そして、これ以外にも、ＪＡＬフィロソフィの勉強会が行われています。教育だけではなく、空港ごとに、あるいはパイロットや客室乗務員など部門ごとに人が集まって、こういうときはＪＡＬフィロソフィに照らし合わせるならどうすべきか、など頻《ひん》繁《ぱん》にディスカッションしたりしている。ＪＡＬフィロソフィをめぐって、こんなふうにコミュニケーションを深めていくカルチャーに、ＪＡＬは変わってきているのです。

広がりは世界規模です。空港業務に携わるスタッフによるＪＡＬフィロソフィに即した行動について発表する「発表会」も年1回、行っています。

全世界から選ばれた「空港で働くスタッフ」が、自分はこのＪＡＬフィロソフィをこんなふうに体現した、こんないいサービスができた、という発表をする。同僚や仲間たちと情報を共有したい、と世界中からスタッフが集まります。

取材したすべての人が口にした「ＪＡＬフィロソフィ」

今回、書籍の執筆にあたって多くのＪＡＬグループのスタッフに取材をしました。この取材中、全員の口から出てきたのが、「ＪＡＬフィロソフィ」の話でした。これがいかに社員を変えたか。ＪＡＬフィロソフィがいかに大切か。その存在を、誇らしそうに語るのです。

なるほど、ＪＡＬフィロソフィというのは、これほどまでに浸透しているのか、これほどまでにスタッフに支持されているのか、と驚かされました。
では、JALを大きく変え、今やスタッフに広く浸透している「JALフィロソフィ」とはどのようなものなのか。少し長いのですが、ウェブサイトにも掲載されている40項目を、すべてご紹介しておこうと思います。

第1部　すばらしい人生を送るために

第1章　成功方程式（人生・仕事の方程式）

人生・仕事の結果＝考え方×熱意×能力

第2章　正しい考え方をもつ

人間として何が正しいかで判断する

美しい心をもつ

常に謙虚に素直な心で
常に明るく前向きに
小善は大悪に似たり、大善は非情に似たり
土俵の真ん中で相撲をとる
ものごとをシンプルにとらえる
対極をあわせもつ

第3章　熱意をもって地味な努力を続ける

真面目に一生懸命仕事に打ち込む
地味な努力を積み重ねる
有意注意で仕事にあたる
自ら燃える
パーフェクトを目指す

第4章　能力は必ず進歩する

能力は必ず進歩する

第2部　すばらしいＪＡＬとなるために

第1章　一人ひとりがＪＡＬ

一人ひとりがＪＡＬ
本音でぶつかれ
率先垂範する
渦の中心になれ
尊い命をお預かりする仕事
感謝の気持ちをもつ
お客さま視点を貫く

強い持続した願望をもつ

成功するまであきらめない

有言実行でことにあたる

真の勇気をもつ

第5章　常に創造する

昨日よりは今日、今日よりは明日

楽観的に構想し、悲観的に計画し、楽観的に実行する

見えてくるまで考え抜く

スピード感をもって決断し行動する

果敢に挑戦する

高い目標をもつ

当たり前のことを当たり前に実行する難しさ

ＪＡＬを大きく変え、ＪＡＬのサービスを大きく変えたＪＡＬフィロソフィ。いかがだったでしょうか。

ざっと斜《なな》め読みをしてしまうと、正直、それほど特別なことが書いてあるわけではない、という印象を持たれるかもしれません。果たして、これをベースに行動することで、本当に会社や仕事が大きく変わるのか、と感じた人もいるでしょう。

実はＪＡＬの社内でも、ＪＡＬフィロソフィ教育が始まった当初は、そんな空気が流れていました。どうして、今さら大の大人がこんな当たり前のこと、道徳のようなことを学ばなければいけないのか、と。

しかし、やがて気づいていくことになったのです。こんな当たり前のことが、実はできていなかったのではないか、と。教育を通じて、だんだんとそれがはっきりわかっていったのです。

実際、特別なことが書かれているわけではない、と思えるわけですが、よくよく読んでみると、**果たしてこれらのことを自分自身がきちんとできているかどうか、考えさせられます。**

　自分の仕事に照らし合わせたとき、本当にこの通りに行動ができているかどうか。JALフィロソフィを実践するには、どんな仕事の仕方や考え方をすればいいか。

　JALでは実際に、このJALフィロソフィの項目をどう体現したか、共有する場も作られています。日々の仕事に、JALフィロソフィをどうおとし込んでいくか。どうすれば、自分の仕事でJALフィロソフィを体現できるか。そこまで意識が向くようになって初めて、JALフィロソフィは浸透した、と言えるのです。

　そしてJALでは、役職が上になるほど、JALフィロソフィ教育をたくさん受けることになります。空港本部長の阿部さんは語ります。

「管理職3500人は、年1～2回、2時間半のリーダー教育を受けます。部長級社員や役員は、毎月3時間のリーダー勉強会も受けています」

　部下に「JALフィロソフィを実践しなさい」と言っているのに、上司が実践できていないのでは、JALフィロソフィは浸透しません。むしろ、役職が上になるほど、率先垂範する必要がある。そんなカルチャーになっているのです。

そして、ＪＡＬのサービスレベルを大きく向上させることになったのも、間違いなく、このＪＡＬフィロソフィでした。今回の取材では、そんな声を次々に聞くことになりました。

考えてみれば、エアラインというのは、機材などのハード面では容易に差別化できるものではありません。飛行機を作ることができるメーカーは、世界で限られています。客室の内装にしても、それほどびっくりするような差別化を図れる要素は少ない。仮にあったとしても、あっという間に真似をされてしまってもおかしくない。また、機内食などソフト面や企画力も、いずれは真似される宿命があるのです。

では、何が最終的にエアラインの差別化になるのか。ずばり、それはサービスです。これは、植木義晴社長から、かつて取材で聞いたことでもありました。

「エアラインの差はサービス力でつく。しかも、これは簡単に真似ができない」

サービス力こそ、エアラインの差別化につながるのです。ローコストキャリアなど、新しい形態の航空会社が入ってきて、競争はさらに激戦になっています。

だからこそ、人への投資、教育は重要な意味を持ってくる。そしてここで、長い時間をかけ、しっかり理念を浸透させたサービス力や人間力は、大きな武器になります。**しっかりと根付いた「心からの思い」が、サービスを変えていくのです。**

エアラインのサービスに対しては、とりわけ日本人は特別なイメージが今なおあるようです。期待値が極めて高いのです。だから、高いレベルのサービスが当たり前に求められる。実際、レベルが高い。

元エアライン関係の人の、マナーや接客に関する本などもたくさん出ていますし、OB・OGが講師になったり、スクールを開いていることも多い。

そもそもどうして、こんなにもサービスレベルが高くなったのか。今回、たくさんの取材を通して興味深い話をもらいました。

「もちろん安全第一ですが、私たちは航空運送事業を単なる運輸業だと考えていない、ということがあると思います。サービス業なんです。例えば、東京から札幌に行く場合、鉄道なら一択ですが、エアラインは複数の会社が就航している場合が多い。しかも、どのエアラインもほぼ同じルートで同じ飛行時間で目的地に着きます。国際線ならライバルは世界に広がります。そうすると移動手段として、ではなく、サービスで他社と競争するしかない。だから、サービス業なのです」

そして、サービスをする上で、ＪＡＬフィロソフィが大きな武器になっている、というのです。

エアラインの第一印象を作っているグランドスタッフ

エアラインの競争力の源泉であり、極めて重要になるサービス力。エアラインのサービスというと、真っ先に機内でのサービスを担当する客室乗務員を思い浮かべる人もいますが、実は最初に印象を持つのは、空港のスタッフたち。中でも、グランドスタッフと呼ばれている地上職です。**彼女ら彼らの接客やおもてなしこそ、エアラインのサービスで最初の印象を作り上げているのです。**

グランドスタッフの仕事というと、チェックインカウンターが思い浮かびますが、実際には多岐にわたっています。グランドスタッフの教育プログラムなどの策定をしている空港オペレーション教育訓練部企画・運営グループの清水利貴さんはこう語ります。

「チェックインをするスタッフ、荷物を預かるスタッフ、搭乗ゲートでお迎えし、アナウンスをしたり、機内へと案内するスタッフ、さらにはラウンジを担当するスタッフもいますし、スマイルサポートカウンターで接客をするスタッフもいます。また、現場には出てきませんが、バックオフィスでさまざまな情報をコントロールし、いろいろな指示を出しているスタッフもいます」

実はグランドスタッフという言葉の定義は厳密にはありません。チェックインカウンター、搭乗ゲート、ラウンジでの仕事もそうですが、パイロットを地上で補佐したり、手荷物や貨物を運搬・搭降載する仕事も、広義にはグランドスタッフの仕事です。

多くのケースで、ローテーションで、いろいろな仕事をしていくことになります。

そして、このグランドスタッフという仕事、そう簡単な仕事ではないのです。空港で接客の最前線として、好印象を作らなければいけないわけですが、チェックインカウンターにしても、搭乗ゲートにしても、接客やおもてなしができる時間は極めて短いのです。それこそ、一瞬にして印象は決まってしまう。最初に良くないイメージがついてしまうと、挽回《ばんかい》する時間はほとんどありません。

客室乗務員であれば、フライトはそれなりに長い時間があります。何度か、機内でサービスをしたり、乗客とコミュニケーションをとる機会があります。しかし、グランドスタッフはそうではない。**場合によっては、わずか数十秒でサービスをしないと**

いけない。そこで、「いいサービスをしてもらえた」「好印象だった」と思ってもらうのが、いかに至難の業か。それはご想像いただけると思います。

また、当然のことですが、空港に関する知識、飛行機に関する知識、乗り継ぎ先の便や空港情報等について、正確な知識を持っておかなければなりません。もしくは、そうしたことを瞬時に調べることができる対応力が求められます。

世界のどこから来たのか、どこに飛び立っていくのか、どんなふうに乗り継いでいくのか、乗客を目の前にするまでわからないのに、です。

しかも、乗客のリクエストにすべて応じられるわけではありません。例えば、席の指定にしても、希望の席がすでに埋まってしまっている可能性がある。そうなれば、希望に応じられません。

また、国内線の場合は、チェックイン機でチェックインを済ませてしまい、そのまま保安検査場へ向かうという人も多いはずです。そうなると、カウンターでチェックインをする人は、何か要望がある人、というケースが少なくないはず。

場合によっては、何か困ったことになっている、といったことも考えられます。しかも、目の前でどんな話がやってくるか、聞くまで想像もできません。その場で迅速に、さらには正確に対応しないといけないのです。

JALでは、目指すべきグランドスタッフの仕事をこう定義しています。

「お客さまに寄り添う」

スピーディーに、正確に、しかも笑顔で、乗客に寄り添う。JALフィロソフィをベースにしながら、この難しい仕事に挑んでいるのが、グランドスタッフなのです。

チェックインカウンターでのグランドスタッフの使命

実際、グランドスタッフはどんなふうに仕事をしているのでしょうか。まずは、福岡空港のチェックインカウンターで見てみましょう。

福岡空港は取材時、空港自体が改装工事中でした。ビジネス利用の乗客も多いのだろう、きっとチェックイン機を使う人が多いのだろう、と思っていましたが、意外にもJALのチェックインカウンターには列ができていました。

最初は、明らかに出張と思えるビジネスパーソン。列の先頭で空《あ》いたカウンターに入ると、グランドスタッフが笑顔で迎えてくれます。実際のやりとりまでは耳にすることはできませんでしたが、後で聞いてみると、「羽田空港で早く降りられる座席を」

というのが、リクエストでした。前方の通路側が空いていたので、できるだけ出口に近いシートを選択した、とのこと。これが、あっという間です。

さっと搭乗券を受け取ると、また笑顔で見送られていきます。なるほど、もしかすると、チェックイン機を使って、自分で座席を指定するよりも、カウンターでお願いしたほうが早いのかもしれない、と感じました。

チェックイン機に慣れている人なら別かもしれませんが、私などもそうそう国内線に乗ることはないので、座席の指定などは迷ってしまったりします。後ろに人が並んでいたりすると、これまたストレスだったりもします。

年配者の中には、銀行のＡＴＭで振込をすることすら、どうにも苦手、という人も少なくありません。そうした人が、チェックイン機を好んで使うとは、とても思えません。やはりグランドスタッフとコミュニケーションをとりながらチェックインしていく、というニーズは、意外に大きいのではないか、と感じました。

次にカウンターにやってきたのは、大きなスーツケースを持った女性２人。どうやら旅行のようです。ただ、後で聞くと、国内旅行ではなく、成田空港で乗り換えてカナダに出発する、ということでした。国内線のカウンターですが、こういうこともあるわけです。

搭乗券を受け取り、手元の端末でテキパキと入力していきます。ここでも時折、乗客のほうを向いて笑顔が出てくる。端末に向きっぱなしということは、ありませんでした。端末を使いながらも、ときどき笑顔でアイコンタクトしていく。これは、受け手の印象はいいでしょう。

搭乗券を一人ずつに丁寧《ていねい》に返し、チェックインが終わりました。ところが、終わっても、少し話をしています。しばらくして、「ご旅行、楽しんできてください」と笑顔でグランドスタッフが見送ります。

旅行の話で盛り上がっていたのかもしれません。先のビジネスパーソンの乗客にはなかった対応。それは、彼女たちに急いでいる雰囲気がなかったからでしょう。乗客の目的ごとに接客の対応を変えていく、ということです。

こちらも後で聞くと、カナダでどこに行くのか、話をしていたそうです。お勧めスポットなども伝えたとか。こんなふうにして、自然なコミュニケーションで印象を作っていく、というのもグランドスタッフの役割なのです。

2人組の旅行客を見送ると、グランドスタッフはカウンターからいきなり出てきて、列の先頭に歩いていきます。スーツケースを自ら受け取りに向かったのです。先頭に並んでいたのは、杖をついている高齢の男性でした。

これも後で聞いたのですが、次に誰が並んでいるか、接客しながら常にチェックしているそうです。そして、すばやく必要な行動に移るのです。

このときは、飛行機には乗らない年配女性が一緒に来ていました。見送りだったのかもしれません。乗客だけでなく、その見送りの女性にも笑顔で丁寧に接していました。見送りの人にも、安心できる雰囲気を作りたかったのだと語ります。

最後の挨拶《あいさつ》の前には、手で指し示しながら、保安検査場を案内していました。空港が工事中で頻繁に通路が変わったりするため、行き方を説明していたのです。

短い時間でしたが、チェックインカウンターでの接客を見ることができました。わかったのは、**ただカウンターで待って、通り一遍の対応をすればいい、という仕事ではない、ということ。**

いろいろな乗客、いろいろなニーズ、いろいろな状況に、すばやく対応しなければいけない、しかも感じよく動かないといけない仕事だ、ということです。

行き先や客層に応じてサービスを変えている⁉

次に、羽田空港で搭乗ゲートの仕事を見てみましょう。先に、国内線では保安検査場に直接行く人も少なくない、と書きましたが、そうなるとエアラインとの初めてのタッチポイントは、搭乗ゲートになります。搭乗ゲートでの対応ひとつで、印象は大きく変わってしまう、ということ。搭乗ゲートも、グランドスタッフの重要な仕事なのです。

アナウンス、ゲート前での案内、ゲートでの搭乗対応、客室乗務員への申し送りなど、搭乗ゲートといっても実は仕事はさまざま。便やゲートによっては人数が多く、役割を分担して案内業務を進めていきます。

搭乗時刻前でも、グランドスタッフはさまざまに動いていました。例えばサポートが必要な乗客がいたとすると、チェックインカウンターやバックオフィスから情報が届きます。そうすると、ゲートでその乗客を探すのです。

車椅子もそうですが、サポートが必要な乗客に関しては、連携して搭乗ゲートの担当者に情報が入るようになっています。そうでなくても、搭乗ゲート周辺を見回り、サポートが必要な乗客がいないかどうかを確認します。

ちょうど金曜の夕方だったのですが、最初に見たのは、羽田から伊丹《いたみ》に向かう便。特徴は、ビジネス利用の多さです。出張帰りなのか、単身赴任先に戻るのか。早く乗りたい、という空気が強く流れていました。

実際、この時刻の伊丹便は、とにかく時間が重視されます。旅慣れた乗客が多く、丁寧なサービスはもちろん、それ以上にスピードが求められるのです。すばやい対応が必要ですし、遅れは許されない。

実際、優先搭乗のアナウンスが流れると、どっと乗客が席を立ちます。ダイヤモンド、サファイア、ＪＡＬグローバルクラブ会員など、優先搭乗のステータスを持った乗客が多いのです。だからこそ、サポートが必要な人を、事前改札の段階で案内できるよう、グランドスタッフが声をかけていたことに合点《がてん》がいきました。

これだけ一斉に乗客に並ばれたら、事前改札でも旅慣れない人だと遠慮してしまう。なので、早めに搭乗ゲートに迎えていたのだと思います。また、搭乗ゲートには客室乗務員も立っていて、必要な場合には機内にも情報を申し送りします。

搭乗時刻になると、続々とゲートを通り抜けていきます。ゲート担当のスタッフが時折、「いつもご搭乗ありがとうございます」と声をかけています。「いつも」がついているので不思議に思って聞くと、**ゲートを通過するときに鳴る音でステータスがわかるので、いつも乗っている乗客だと認識できるというわけです。**なるほど、こんなところにも、工夫があったのか、と感じました。ステータスを持っている乗客は、悪い気はしないでしょう。

数百人が機内に入っていきますが、グランドスタッフはめまぐるしく動いています。入り口付近で乗客の問い合わせに対応したり、ゲートにある端末を確認したり、バックオフィスと電話をしたり。対応が長くなりそうだと、さっと後ろからスタッフが出てくるなど、必要に応じて、ゲートに立つスタッフがするりと入れ替わったりする。見事な連携プレーでした。

だんだんゲートを通過する人が少なくなっていきます。出発時刻が着々と近づいてきます。ところが、まだ全員が機内に入っていません。定時に飛行機を出発させるにはドアは出発の3分前に閉める必要があります。

ここからがまた、搭乗ゲート担当の仕事の真骨頂になります。チェックインしている人で、まだ機内に入っていない乗客の情報は、バックオフィスも把握しています。

このバックオフィスと的確に連携するのです。

チェックイン時間は何時だったか。ステータス保有者など旅慣れた人か。そういうところから、乗客を類推していきます。チェックインしたばかりで旅慣れた人なら、空港内で迷うこともないでしょうから、それほど心配はいりません。しかしもし、チェックインがずいぶん前で旅慣れていない人であれば、空港内で迷ったりしている可能性もあります。これを早めに察知して、対応を急ぐのです。

この対応をちゃんとやらないと、乗り遅れる乗客がいて、出発時刻が遅れるようなことになりかねない。時刻通りに飛行機を出発させる、というのも、グランドスタッフの大切な役割なのです。

全員の搭乗ゲートの通過が確認できると、グランドスタッフの一人が書類を手に搭乗橋から飛行機に向かいます。客室乗務員と、搭乗客の人数の読み合わせや引き継ぎ事項の確認をし終えると、目の前でドアが閉まります。グランドスタッフは再びゲートに戻り、全員で飛行機に向けて深々とお辞儀。

実はこのとき、真正面に操縦席が見えるのですが、パイロットが手を振ってくれていました。これも、いつもの光景なのだとか。そして飛行機は少しずつ動き出しました。

チェックインからバックオフィス、搭乗ゲート、客室乗務員、そしてパイロットまで、全部つながっている。**実はこれも、先のJALフィロソフィが一言で表していま****す。「最高のバトンタッチ」です。**いろいろな役割のスタッフが、とても大事にしている言葉です。

伊丹への便を見送った後、次は羽田から福岡に向かう便のゲートに行きました。驚きましたが、雰囲気がまるで違うのです。ビジネス客は半分、残りは旅行や帰省の家族連れ、といった感じです。

となれば、搭乗ゲートのグランドスタッフの対応はまた違います。スピード重視でテキパキ、というよりも、少しゆったりとした対応です。

「搭乗橋が少し混み合っていますので、どうぞお席でお待ちください」

なんて声も。

要するに、どの便も同じ対応をすればいい、というわけではないのです。乗客が求めるニーズによって、的確な対応は変わる。臨機応変に、サービスも変えなければいけない。

沖縄行きの便のゲートも近くにありましたが、沖縄に遊びに行く乗客が、伊丹便のようにテキパキ対応されたら、たしかにちょっと違います。逆もまたしかり。

サービスには、たくさんの正解があるのです。

空港のさまざまな場所で活躍するグランドスタッフ

羽田空港、福岡空港では他に、「JALスマイルサポートカウンター」「ラウンジ」「バックオフィス」を見せてもらうことができました。

JALスマイルサポートは、3歳未満のお子さんをお連れの乗客が対象の「ベビーおでかけサポート」、妊娠中の乗客へのサポートがある「ママおでかけサポート」、6～7歳（希望により11歳まで）のお子さんの一人旅をお手伝いする「キッズおでかけサポート」、さらには高齢の乗客が安心して利用できるようサポートをする「シニアおでかけサポート」などが行われています。

大きな空港には、スマイルサポート専用のカウンターがあり、実はここでチェックインをすることもできます。

私は成田空港から家族で海外に出かけるとき、まだ娘が乳幼児だった頃は、いつもこのカウンターを使わせてもらっていました。時間帯によっては混み合って、列ができていることもあるチェックインカウンターですが、スマイルサポートカウンターは待ち時間がほとんどありませんでした。

しかも、近くに子どもを遊ばせておくスペースがあったりするのです。おかげで、いつもスムーズに快適にチェックインを済ませておくことができました。

意外に知られていないようですが、乳幼児を連れた人は、これは使わない手はないと思います。

羽田空港のカウンター内には、授乳できるスペースもあります。また、荷物を預けることもできます。

車椅子も用意されていて、ここで仕事をしているスタッフの中には、サービス介助士の資格を持っている人もいます。これもまた、グランドスタッフの仕事です。

グランドスタッフは、ローテーションによって、ＪＡＬが空港内で運営している「サクララウンジ」「ダイヤモンド・プレミアラウンジ」などで仕事をすることもあります。

搭乗クラスやステータスによって利用できるラウンジですが、出発時刻まで食事をしたりしながら、ゆったり過ごすことができます。このラウンジで受付をしたりしているのも、グランドスタッフなのです。

そして通常は一般の人は入ることができない「バックオフィス」はどうなっているでしょうか。

バックオフィスには、空港内のさまざまな情報が集まってきます。保安検査の混雑状況、乗客のチェックイン状況。乗客が、保安検査を通過したかどうか……。こうした情報が、チェックインカウンターや搭乗ゲート、ラウンジでの対応にも活《い》かされていきます。

また、搭乗ゲートの混雑状況なども把握でき、忙しいと判断すれば、応援に行くこともあります。羽田空港のＪＡＬ便は、１日に２００便にも達します。さまざまな便の情報を集約、管理することで、安全運航と定時運航を守っているのです。

バックオフィスの多くは、チェックインカウンターや搭乗ゲート、ラウンジなど、グランドスタッフのさまざまな仕事を経験した後に、配属になります。

そしてここでは、さまざまなグランドスタッフの仕事経験が生きてきます。チェックインカウンターや搭乗ゲートの仕事が理解できているからこそ、連携はできるのです。スタッフの一人ひとりには担当の便が割り振られており、１日約20便を担当します。

他にも、天気図なども独自でわかるようになっており、パイロットに情報提供をすることも。安全運航をサポートするという役割もバックオフィスにはあります。

当たり前の一歩先が常に求められるグランドスタッフの仕事

グランドスタッフの仕事は、エアラインにとって極めて重要です。やらなければいけないことは、できて当たり前の仕事なのです。その上で、いかに好印象のサービスができるか。乗客一人ひとりに合った接客ができるか。記憶に残るサービスができるか。それが問われてくるのです。そうでなければ、「サービスがいい」とは思ってはもらえない。差別化をすることは、なかなか難しい。

人工知能（ＡＩ）の進化が大きな話題になり、仕事がどんどん機械にとって代わられるのではないか、という心配もささやかれるようになっていますが、この仕事は機械にはまず無理だろう、と思いました。

当たり前の一歩先が常に求められるからです。しかも、瞬時に、です。

急いでいるビジネスパーソンに丁寧な接客をしていたら、「そんなことはいいから早く！」となるでしょう。

逆に、ゆったりと旅行に行く高齢者に、まだまだ時間の余裕があるのに、せわしない接客をしていたら、好印象は作れない。温かみのある接客で、たくさん会話をすることで要望を引き出す。そんなサービスが求められてきます。

しかし難しいのは、ゆったりと旅行に行く高齢者だったとしても、出発時刻ギリギリのチェックインになったら、機転を利《き》かさないといけないことです。すばやく、やるべき手続きを済ませて、搭乗ゲートに案内する。

搭乗ゲートのスタッフにすぐに連絡して、搭乗がギリギリになることを伝えておく。空港に不慣れかもしれない、と判断したら、搭乗ゲートまでご一緒することもあるとのこと。グランドスタッフは、ここまでするのです。

チェックインカウンターで不安そうにしていると判断したら、「何かお困りのことはございませんか」と声をかけることもあります。そうすると、一人で飛行機に乗るのは実は初めてだった、などという話が聞こえてくる。

こうした話は、きちんと搭乗ゲートへ、さらには客室乗務員へと申し送りされます。そして機内では、客室乗務員から「ご安心ください」と心づかいを受けられる。何も言っていないのに、です。乗客にはうれしいはずです。

空港内で落ち着きなく歩いている人がいたりすると、声をかけることもよくあります。そうすると、「明日、出発なのだが、心配だから下見に来た」などという言葉が返ってきたりする。

こうした「気づき」や「察知する力」が、果たして機械にできるかどうか。

それこそ、要望を聞かれて、「あ、それはできません」と答えているだけでは、サービスにはなりません。たとえ95％ノーだと思っても、5％の可能性があるのであれば、「いったん、お調べします」と言えたとしたらどうなるのか。

あるいは、要望をそのまま叶《かな》えることは無理でも、それに近いものを探し出すことができたらどうなるのか。

これこそが、「お客さまに寄り添う」こと。たとえ、結果がノーだったとしても、「いったん、お調べします」とギリギリまで粘って考えてくれたサービスと、「それはできないので」と簡単にノーを伝えられるのとでは、受け取る印象は全く変わってくるのです。

次章で、グランドスタッフに学ぶスキルをご紹介しますが、これらは、「機械には代われない仕事」のヒントにもなると思います。

そしてこれも機械にはできないだろう、と思えるのが、乗客からの叱責対応や、トラブル処理です。実際、飛行機は天候などの理由で飛べなくなることだってあるのです。あるいは、何かの事情で欠航せざるを得ない場合もある。

乗り継ぎ先まで行ったのに、その先の便が飛ばなかった、なんてことも起こり得ます。そもそも期待値が高いので、搭乗手続きをめぐって、ちょっとしたことで怒り出す乗客もいないわけではありません。

そんなとき、対応するのはグランドスタッフなのです。怒っている人に、どう対峙《たいじ》していくか。グランドスタッフは、それも熟知しています。むしろ、こういうときこそ、JALの「寄り添う接客」を実践するときだ、と考えているスタッフもいます。

なぜなら、そういったことから目を背けず、真正面から対応していくことで、むしろ信頼を勝ち取れることも少なくないからです。実際、怒りに満ちた表情だった乗客が、最後には「ありがとう」と語っていることもあるのです。

これこそ、機械にはまずできないことでしょう。

JALの接客サービスには決まりきったマニュアルはない

そんなグランドスタッフは、どのように育成されているのか。

トレーニングの詳細は後述しますが、**驚かされるのは、新入社員の訓練はわずか2週間ほどしかないことです。**

ともすれば、チェックインカウンターや搭乗ゲートでの対応は、すべてマニュアルでガチガチに固められているのではないか、というイメージを持つ人もいるかもしれませんが、それは違います。

もちろん見だしなみや立ち居振る舞いに関しては厳しい指導が行われます。ですが、ちょっと前まで、のんびりと学生生活を送っていたわけですから、キリッとした、あの空港での立ち姿がすぐにできるはずがありません。

JALが現在のグランドスタッフ教育の体系を作ったのは、2012年のことです。破綻後、教育へ再び投資ができるようになり、初めて全国統一の教育体系ができました。そのために、羽田にすでにあったビルを、訓練の場に改装しました。実はそれまでは、各空港でそれぞれのやり方で教育をしていたのです。

そしてこのとき、同時に大幅に改訂されたのが、ＪＡＬのグランドスタッフのためだけに作られた「ＪＡＬスタイルブック」でした。Ｂ５判で60ページ、フルカラーで展開されているのは、身だしなみと立ち居振る舞いに関しての写真入りの解説です。姿勢、制服の着こなし方、たたずまい、歩き方、座り方、手の伸ばし方、チケットの渡し方、髪型の作り方、お化粧の仕方……。

これもまた後述しますが、ＪＡＬではグランドスタッフがその接客スキルを競い合う「空港サービスのプロフェッショナルコンテスト」が行われています。ＪＡＬスタイルブックでモデルを務《つと》めているのは、その第１回の優勝者です。彼女が、身だしなみや立ち居振る舞いの正しいお手本をしっかり写真入りで見せていくのです。

中には、良い見本だけでなく、悪い見本が提示されているページもありました。なるほど、これではダメだな、ということが一目見て、わかるようになっています。

このスタイルブックをベースに、担当教官の厳しい指導のもと、新入社員の訓練は、身だしなみや立ち居振る舞いを徹底的に鍛《きた》え上げられるのです。

訓練では、教官が自ら、ダメな例と、良い例を実践して見せることもあります。落ちているゴミの拾い方ひとつとって見ても、ふさわしい動きと、そうでない動きがあるのです。

こんなふうにJALスタイルブックという「マニュアル」で指導される身だしなみと立ち居振る舞いですが、実は接客については、そうではありません。

もちろん基本的なルールがあり、それは指導されますが、マニュアルはありません。**そのときどきにおいて、ふさわしい対応を心がける、というのがJALの考え方なのです。**

職場に戻り、上司や先輩に学びながらのOJT（オン・ザ・ジョブ・トレーニング）を通じて、自分なりのサービスを作り上げていく。そして、そのベースになるのが、先に紹介した「JALフィロソフィ」なのです。ここから、調査ランキングで第1位に選ばれるような接客サービスが生まれていったのです。

今回、多くのグランドスタッフ、さらにはグランドスタッフの経験者や教官、教育体系の作成者などに取材で話を聞くことができました。

そこで感じたのは、「ここまでやるのか」「ここまで考えているのか」「ここまで見ているのか」という驚きでした。なるほど、ここまでやっているからこそ、あれだけのサービスができている、心づかいができている、ということです。

では、どうすれば、あんなサービスができるようになるのか。

次章では、身だしなみから立ち居振る舞い、準備や観察など、10項目にわたって、グランドスタッフに学ぶことができる、おもてなしのスキルをまずはご紹介したいと思います。

サービスの力をアップさせるために、心づかいの力をアップさせるために、グランドスタッフに学べることはたくさんあるはず。グランドスタッフの「ここまでやるのか」をぜひ、見ていただきたいと思います。

第2章

グランドスタッフに学ぶ、おもてなしのスキル

〜「JALの心づかい」を実現させる接客10原則〜

JALグランドスタッフのサービスを支える接客10原則

本書の執筆にあたっては、10人以上のJALのグランドスタッフ関係者に話を聞きました。

どうして、JALのグランドスタッフは好印象なのか。

どうすれば、またJALを使いたい、と思ってもらえるようなサービスができるのか。

どうすれば、グランドスタッフのようになれるのか……。

そんな質問を繰り返して、たくさんの返答を得ました。

そこで、この章ではJALのグランドスタッフのサービス、おもてなしのスキル、そのキーワードにおける、**「JALグランドスタッフ接客10原則」**についてご紹介していきます。

グランドスタッフのサービスがなぜ好印象なのか。そのヒントがつかめてくるはずです。

そもそも、接客サービスには、「接客5原則」というものがあります。

接客5原則とは、「挨拶《あいさつ》」、「身だしなみ」、「表情」、「言葉づかい」、そして「立ち居振る舞い」のことを指します。

当然ながら、JALのグランドスタッフのサービスやおもてなしのベースになっているのはこの接客5原則なのですが、**それだけではひとつ上のサービスやおもてなしを実現することはできません。**

JALのグランドスタッフたちは、先に述べたJALフィロソフィもヒントにしながら、高いレベルの接客サービスにまで昇華させている。それが、JALグランドスタッフが実践している接客10原則なのです。

JALグランドスタッフ接客10原則①　身だしなみ

JALの「統一美」を意識する

空港の雰囲気が好き、という人も多いと思います。その空気感を作っているもののひとつに、間違いなくグランドスタッフをはじめとした空港スタッフたちの姿があります。キリッとした雰囲気は、彼女ら彼らによるところも大きいのです。

実際、グランドスタッフの彼女ら彼らは、パッと見てすぐにグランドスタッフとわかります。なぜ、そんな印象を作り上げているのか。

そのキーワードが「統一美」です。統一されている美しさ、揃《そろ》っている美しさです。髪型、化粧、制服の着こなし方などが、きれいに統一されているからこそ、あの独特の雰囲気は作り出されている。そして、そうした統一美を一人ひとりが意識しています。

だから、風景として、グランドスタッフのいる空港やチェックインカウンターが強烈に印象づけられるのです。

後ろ髪はシニヨンに

その統一美の象徴ともいえるのが、女性の後ろ髪のシニヨン。束ねた髪を後頭部で「お団子《だんご》」のようにまとめた髪型のことですが、その位置や形はしっかり定められています。また、シュシュをつけないのも、ＪＡＬのルール。

ただ、このシニヨン、慣れるまでは作るのが大変なようで、「お団子」がゆるくなって崩れてしまったり、新入社員はコツを習得するまでに時間がかかり、髪型を整えるだけで1時間、なんてこともあるとか。

前髪は常に上げる

前髪はまとめて上げます。分け方は髪質などによって変わってきますが、きっちりと分けて上げるのがルール。

「実は第一印象で清潔感が一瞬で伝わるのは髪型」と語っていたグランドスタッフがいました。「真っ先に見られるので、ほつれなどがないよう、一番時間をかけてまとめていく」と。スプレーでがっちり固めている、というグランドスタッフも。

前髪を上げるのは、印象とは別にもうひとつ理由があって、表情を見てもらうためです。コミュニケーションは言葉だけで行っているのではありません。表情も重要なコミュニケーションツール。「JALらしい表情を見ていただくため」にも、前髪をしっかり上げる意味があるのです。

制服の着こなし方も揃える

ただ制服を着る、というだけでは、実は統一美は出せません。制服の着こなし方も揃える必要があります。第1章で紹介した「JALスタイルブック」では、制服の着こなし方のポイントが実際のグランドスタッフによるモデルの写真付きで解説されていました。

また、手荷物を運んだり、時には小走りになったりする仕事でもあるので、時間とともに乱れていってしまいます。常に意識して、整えていきます。

化粧はあえて濃いめにする

意外に思われるかもしれませんが、特にチェックインカウンターの場合など、化粧はあえて濃いめにしています。カウンター内では、光の加減で、どうしても暗く映ってしまう。**化粧をあえて濃いめにすることで、表情がはっきりわかるようになるのです。**

また、手元の端末を操作するのに下を向いたとき、暗い色のアイシャドウをしていたら、暗い印象になってしまいます。明るく華やかに見えるよう、あえて濃いめのメイクをするのです。実際、訓練等でも「化粧が薄い」ことで指導が入ることも少なくありません。

アイシャドウは、パープル、ブルー、グリーンの3種類のうち、どれかを使用することが推奨されています。これも2012年の教育体系の構築時に決められたことです。3色から自分に合う、明るいイメージを出せるカラーを選択します。

「明るい色を使うにしても、自分に合った色味、お客さまに不快感を与えない色味を強く意識しています」とグランドスタッフ。化粧は取れてくるものでもあるので、落ちにくい口紅などを選んでいる、とも。

カウンターでの接客は一瞬。そこで暗い印象を持ってしまわれないよう、お化粧はしっかりしないといけません。

お洒落と身だしなみの違いを意識する

新入社員の訓練で徹底的に教えられるのが、お洒落と身だしなみの違いです。**「お洒落は自分のためにするもの。身だしなみは、お客さまのためにするもの」**。ここを勘違いしてはいけない、と。

「お洒落がしたければ、仕事を離れたところで、いくらでもすればいい。しかし、お客さまの前に出る仕事では、あくまで身だしなみを意識しないといけない」。JALのグランドスタッフは、これをしっかり分けているのです。

JALグランドスタッフ接客10原則② 表情

「表情管理」を意識する

自分の表情も、印象を決める重要な要素であることを認識しておかなければなりません。グランドスタッフへのインタビューでは、「表情管理」という言葉がたびたび出てきました。

表情をきちんと意識しておく、ということです。意識していなければ、相手にどのような印象を与えているかも気づけません。

また、感謝の気持ち、お詫《わ》びの気持ちがあるのに、表情にしっかり表すことが出来なければ、気持ちが伝わらず不快な思いをさせてしまう可能性すらあります。

口角を上げて笑顔を作ったり、申し訳ないという思いを眉《まゆ》を使って伝えるなど、自分の気持ちを伝えるために、表情をしっかり表せるような訓練を行い、接客サービスの向上を図っているのです。

「自分の最高の笑顔」を知っておく

表情で最も大事なのは、やはり笑顔でいること。明るい印象、良い印象を相手に与えることができるからです。にこやかな笑顔で相対《あいたい》してくれる人と、無表情で接してくる人と、どちらに好印象を持てるかは明白です。

しかし、難しいのは、どんな笑顔にすればいいのか、自分ではなかなか判断できない、ということです。笑っているつもりなのに笑っていないように見えていたり、普通に笑っているつもりが、大げさな笑顔に見えたり。

口角を上げる、とはよく言われることですが、それだけで果たしていい笑顔になるのかどうか。グランドスタッフのような自然な笑顔はどうすれば作れるのか。

なるほど、と思ったのは、**「これが自分の笑顔、というものを常にイメージしておく」**というあるグランドスタッフの言葉です。鏡を見て練習するのも、構いませんが、その中で、「これが自分にとっての笑顔かな」というものを見つけておく。それを自分の笑顔として強く意識するのです。

自分の表情でイメージを作っておけば、困ることはない。とびっきりの笑顔を、自分でしっかり認識しておきたいものです。

笑顔でいれば、声も「笑声」になる

笑顔でいることがいかに大事か。教官が語っていたのは、「顔の表情を笑顔にすることで、声も笑顔に乗って出てくる」ということ。これを、**「笑声《えごえ》」**と呼びます。

逆に、暗い表情でしゃべっていると、声まで暗いトーンになってしまう。イライラしていたり、怒っていたりすると、実は声もそうなってしまいます。表情と声は連動している。ダブルで印象を作ってしまうということです。

だからこそ、笑顔でいることが大切。普段から笑顔でいる意識を持っておくことで、声のトーンまで明るくなっていくのです。

眉も表情の一部

表情を作っているのは、口角だったり、目だったり、と考えている人は多いかもしれませんが、眉も重要なポイントです。眉でも人の印象は左右されます。

しっかりとした思いがあれば、明るさもお詫びの気持ちも眉に表れます。こうして気持ちを表現していくためにも、前髪を上げて、しっかり眉を見せることが大切なのです。

「心」は表現されて初めて伝わるのです。

ＪＡＬグランドスタッフ接客10原則③　立ち居振る舞い

美しい姿勢は心の持ちようから始まる

キリッとした印象が強いグランドスタッフですが、それは身だしなみのみならず、颯爽《さっそう》とした雰囲気の姿勢によるところも大きいと思います。どうすれば、あのような姿勢を作ることができるのか。

あるグランドスタッフが語っていたのは、「胸を開くようにお客さまのほうに向ける」こと。**「胸を開くのは心を開くのと同じです。こうした姿勢を取るとオープンな雰囲気になります。また、客観的に見ても姿勢がよく見えます」**。美しい姿勢は、心の持ちようから生まれる、ということです。

別の教官は、「腰に重心を置く」。この意識だけで、ずいぶん姿勢は変わるそうです。「女性ですと、内臓を落とさない、という教え方もします。内臓を落とすとお腹が出てしまいます。ですから、常に背中の筋肉を張っておく」

そんな姿勢ではキツイのでは、と聞いてみると、こう返されました。「きれいに見えますし、体幹も鍛《きた》えられて一石二鳥です（笑）」と。

一方で、猫背になりがちだ、というグランドスタッフは「上から引っ張られる意識を常に持っています」。

美しい姿勢を保つために、いろいろな努力があるのです。

立ち姿勢で手は前で交差させる

立ち姿勢では、手をどうするか、も大きく印象を左右します。「ＪＡＬスタイルブック」で解説されていたのは、**手を前に交差させ、丹田《たんでん》の位置、つまりはおへその下のあたりで自然に手を組む**こと。これが、最も美しい立ち姿勢を作ってくれる手の位置だということです。

やってはいけないのは、後ろで手を組むこと。これは、良くない印象を作ります。

挨拶とお辞儀は間を置いて

接客5原則にもある挨拶ですが、取材でなるほど、と思ったのが、挨拶とお辞儀は一緒にしない、ということでした。声を出しながらお辞儀をするのではないのです。**まずは挨拶をして、それからお辞儀をしてお出迎えをする。こうすることで、スマートな挨拶とお辞儀ができるのです。**

「挨拶とお辞儀で、ためを作ったほうがきれいに見える」「ひとつの作業を終わらせて、次に進むことが大切」と語っていたのは、教官でした。「腰から背筋を伸ばして曲げると美しいお辞儀になります」とも。

そしてもうひとつ、お辞儀には種類がある、ということを知っておく必要があります。深くお辞儀をしないといけないときもあれば、浅いお辞儀でいいときもある。そのときどきで、必要に応じて使い分けなければいけないのです。

新入社員の訓練で教えられるのは、3種類のお辞儀。普通のお辞儀、軽いお辞儀、そして謝罪のときのお辞儀。それぞれ30度の角度、15度の角度、45度の角度で教わります。

ただ、実は度数だけ聞いても簡単にできるものではありません。時間を取って何度も練習する。特に、ペアになって正しい角度になっているか、指摘し合いながらマスターしていくのです。お辞儀ひとつとっても、美しく見せるには練習が必要なのです。

手は指を揃えて動かす

搭乗券を差し出しながら「搭乗ゲートは何番でございます」と一緒に確認したり、「保安検査場は、あちらでございます」と方角を指し示したり。グランドスタッフは、手で指し示しながら説明をすることが少なくありません。

ここで求められてくるのが、美しく手を添える、あるいは、指し示すという動きです。この手の動きひとつで、これまた大きく印象が変わります。

ポイントになるのは、**指をしっかり揃え、指先に力を入れること。手の甲ではなく、**

手のひらを使うこと。

どんな手の添え方をされると、受け手として心地良いか、意識して普段、チェックしてみるといい、という話も聞きました。そうすると、「この添え方、指し示し方はあまり美しくない」ということに気づけるのです。

プリントアウトした書類をおいて、手で指し示してプレゼンテーションしたりする機会も、ビジネスパーソンには少なくありません。グランドスタッフの手の動かし方は、大いに参考になります。

ちなみに間違ってもやってはいけないのは、一本の指で指し示してしまうことです。最近では、タッチパネルを触ることも増えていますが、ここでも指一本だけで操作するのは、美しくない。

タッチパネルの場合は、手の甲を上に向けることになりますが、すべての指を揃えて、中指だけでタッチする。普段からこれが意識できるよう、スマートフォンのタッチパネルにどう触れるか、というところから指導する教官もいます。美しく見えるスマートフォンの使い方、意識してみる価値があります。

端末ばかりに気を取られない

チェックインのときなどは、専用端末を操作することになるのが、グランドスタッフ。もちろん、正確を期さなければいけないわけですが、端末操作のときには注意が必要だと多くのグランドスタッフが語っていました。

それは、どうしても下を向いて操作することになるからです。下を向いて真剣になっている姿は、周囲から見ると、実は怖く映ってしまうのです。

知らず知らずのうちに眉間《みけん》にしわが寄っていたりする。これでは、好印象を作り出すことは、難しい。

だから意識しているのは、ずっと端末を見続けないこと。**「時折、顔を上げて、お客さまの目を見てお話しするようにしています」**とグランドスタッフ。

こんなふうにできるようになるためにも、端末操作に慣れ、かつまた緊張しないようにしないといけません。ちなみにグランドスタッフとしての仕事に余裕が出てくるのは、端末操作に慣れた2年目を過ぎてからだった、と同じグランドスタッフは語っていました。

大切なものは両手でお返しする

例えば、パスポートはとても大切なもの。自分にとっての大切なものを、どんなふうに扱うか、実は人はよく見ているものです。ぞんざいに扱われたりしたら、がっかり。それこそ、印象は悪くなってしまいます。

教官が語っていたのは、**パスポートをお預かりしたら、必ず両手でお返しすること。**実は外国のエアラインなどでは、片手で返すことが普通になっているところもあるそうですが、両手でお返しするのも、日本らしさかもしれない、と彼女は語っていました。

片手でパスポートを返されるのと、両手で丁寧《ていねい》に返されるのと、どちらが好印象か。これはパスポートに限りませんが、大切なものは両手で扱う。こちらの姿勢と気持ちが伝わる行動のひとつです。

目の高さはお客さまに合わせる

背の高いグランドスタッフがカウンターで対応をしていると、どうしても目線が上から下になってしまいます。

あるグランドスタッフが語っていたのは、**「だからこそ、できるだけ自分の目線を下げて、お客さまと目線を合わせる」**こと。

それを心がけているうちに、自然にかがんで首をかしげることがクセになってしまったのだとか。

ただ、同じ目線でいいとは限らない、とも。「お客さまが心を開いてくださる目の高さ」という表現がありました。状況に合わせて、目線の位置を変えていく。優れたグランドスタッフは、ここまでやっているのです。

ＪＡＬグランドスタッフ接客10原則④　事前準備

事前準備で「確認いたします」を少なくする

正確を期すために「確認いたします」「確認してまいります」というのは丁寧な対応ですが、これが何度も続いたら、ちょっとゲンナリしてしまいます。

ということで、グランドスタッフが意識しているのが、**この「確認いたします」を**

できるだけ少なくするという取り組みです。

何時に到着するのか。飛行時間はどのくらいか。どんな機材を使うのか。どんな食事が出るのか。便の混雑状況はどうか。クラスJや窓側の席は空《あ》いているのか……。とにかく事前に調べておくのです。

それこそ、グランドスタッフ以上に、機材などについて詳しい乗客も少なくないのだとか。しかし、聞かれたことは、そのまま次の学びのヒントになります。そんなふうに、事前に必要な情報のリストを蓄積していく。「確認いたします」を減らしていくのです。

お客さまに提案できるチョイスをいくつか持っておく

例えば、羽田から福岡への便。12時10分の便の予約なのに、9時台にチェックインカウンターに現れた。想像できることは、もしかしたら、もっと早く福岡に行きたいのではないか、ということ。

特に申し出があるわけでもない。だが、変更できるチケットなので、さっと調べると、11時の便に空きがある。「1時間前の便に空きがございますが、ご変更なさいますか？」と問うと、にっこり……。

こういうことは、よくあることだそうです。そのためにも認識しておかないといけないのは、**こういうことが起こり得る、と想像して、提案できるチョイスをいくつか持っておくことです。**

どの時刻にどんな便が飛んでいるか、しっかり把握しておかないといけないのです。

ウェブサイトを「お客さま目線」で見る癖づけ

今は事前にウェブサイトでいろいろ調べておく、という人が少なくありません。となると、チェックインカウンターにやってくるのは、ウェブサイトを見て疑問に思ったことがあるから、というケースが多い。

そこで、事前にウェブサイトを「お客さま目線」でチェックしている、と語っていたグランドスタッフがいました。利用者目線で眺《なが》めてみることで、**「きっとこんな質問があるのではないか」と想像しておくのです。**そして、回答を用意しておく。

ウェブサイトを見て、知りたいと思っていたことに、チェックインカウンターで的確に応《こた》えてもらえる。これは、事前に「お客さま目線」で見ていたからこそ、できることです。

「ウェブサイトに書いてありましたけど、どういうことでしょうか、とのおたずねに、見ていない事実をお伝えすることはできません」とはグランドスタッフ。

ウェブサイトを「お客さま目線」で見る、というのは、的確な返答をする上でも役に立つのです。

「自分用メモ」を用意しておく

グランドスタッフが対応する乗客がどのような人になるのかは、その場にならないとわかりません。となれば、もちろん事前準備には限界がありますし、準備できたとしても、そうそう覚えられるものではない。

そこで、自分で小さなメモ帳にまとめている、と語っていたグランドスタッフがいました。**聞かれたときに、手元でさっと開いて見ることができるようになっています。**

こういう質問をよくされた、というメモもあれば、プリントアウトしたものを縮小コピーしてメモ帳に入れることもあります。

そしてもちろん、新たに聞いた思わぬ質問は、メモ帳に自分で追加していきます。

ＪＡＬグランドスタッフ接客10原則⑤　意識

印象は最初の数秒で決まる

数秒で第一印象は決まる、というのがグランドスタッフの認識。また、客室乗務員と違って、接客できる時間は長くはありません。国内線では、長くてせいぜい数分。ここで、第一印象を挽回《ばんかい》するのは、極めて難しい。

だからこそ、最初の印象こそがとても重要になるのです。身だしなみ、立ち居振る舞い、挨拶、表情、言葉づかい。**「指の先から足の先まですべてが接客」**と語っていた教官もいました。

それだけの覚悟を持って、接客には臨《のぞ》まないといけません。

一人ひとりがＪＡＬの代表者

ＪＡＬフィロソフィにもあった項目ですが、「ＪＡＬスタイルブック」の冒頭でも、このエピソードが書かれていました。「制服を着るあなたは、ＪＡＬそのものです」と。表情、立ち姿、歩き方、小さなことすべて、いつでも見られている、ということ。実際、どこで誰に見られているか、わかりません。

制服を着て空港を歩く姿ひとつとってみても、それがＪＡＬのイメージを作っているのです。ＪＡＬブランドを作っているのは、実は一人ひとりだということです。

逆にいえば、常に見られている、という意識を持っていれば、立ち居振る舞いも空港での過ごし方も変わっていきます。新入社員の訓練では、「制服を着ていればＪＡＬを代表するスタッフ」「常に見られている」という意識づけを厳しくしていきます。「実は見られている」「常に見られている」ということを強く意識することで、緊張感も出てくるのです。

１００点で当たり前

エアラインのサービスに対しては、極めて期待値が高いのが、日本。「お客さまの目線はかなり厳しい」という認識があります。

それこそ「できて当たり前」「１００点で当たり前」の世界。そこから先が求められる。そこから先がサービス力の真価が問われるところ、という認識があります。

気づきの感度を高める

例えば、フライトインフォメーションのボードを眺めている一人の人がいる。その光景を見て、どんなことが思い浮かぶか。3通りの回答があります。

・見ている
・探している
・困っている

同じ光景を見ても、どこまで気づけるかは人それぞれ。しかし、その気づきによって、次の行動が変わっていくことになります。「困っている」とわかれば声をかけるでしょう。

グランドスタッフが常に意識しているのは、気づきの感度を高めること。意識をするだけで、それはどんどん高まっていくのです。

自らお客さまに歩み寄る

待っているのではなく、自ら出ていく意識を持つ、ということ。カウンターから出て、前に出てお出迎えをする。前に一歩出ていく。

「お客さまに寄り添う」

というのがJALのグランドスタッフの目指すべき仕事だと書きましたが、**そのためにも「お客さまに近づく」のです。一歩前に出てアプローチするのです。**

実際、カウンターの中にしかスタッフがいないのと、出迎えて前に出てきてくれているのでは、どちらが近づきやすいか。あるいは、声をかけやすいか。

こちらから近づく意識が、相手からの近づきやすさにもつながるのです。

お客さまに興味を持つ

例えば、素敵な帽子を被《かぶ》っている人がいる。その帽子を被っている背景には、いろいろなストーリーがあるかもしれない。しかし、それは帽子に対して関心を持ち、相手に声をかけなければ、聞き出すことは難しいでしょう。

自分に興味を持ってもらい、いろいろ聞いてもらうことに対して、悪い印象を持つ人はいません。興味を持ってもらうことは、うれしいこと。そして、人は基本的に自分のことを話したい生き物なのです。**自分の気に入っていることについて問われれば、心地良く語るでしょう。相手も好印象を持つでしょう。**

相手に興味を持てば、コミュニケーションは広がっていきます。どんなことを本当は求めているのか、それを知るヒントにもなる。

通り一遍の対応をすればいい、というのはＪＡＬのグランドスタッフが求めているサービスではありません。相手に興味を持つことで、相手を知る。それができることで、可能になるサービスがあるのです。

接客は楽しいもの

「自分が楽しんで接客をするためにも、お客さまに興味を持つようにしています」と語っていたグランドスタッフがいました。相手のことがわかれば、お互いのコミュニケーションは楽しいものになる。その意識は、自然な好感度を生み出してくれるはずです。

もちろん、安全が第一、正確さも重要。「でも、それがしっかりカバーできれば、楽しんで接客してください」と訓練で伝えていた、という教官も。

仕事を楽しもうとする意識は、ワクワク感、ウキウキ感を生みます。「それは間違いなく、お客さまにも伝わります。楽しく仕事をしていけば、その姿がお客さまの目にも映る。楽しさがお客さまに伝わっていく」と別のグランドスタッフ。

そうすれば、自然な笑顔も出てきます。明るい表情にもなる。心を込めたおもてなしをしよう、という意欲も出てくる。自分の意識ひとつで、自分の仕事も、周囲も変わるのです。

「最高のバトンタッチ」

40項目あるＪＡＬフィロソフィの一つです。エアラインの仕事は、グランドスタッフの仕事だけで、完結するわけではありません。乗客は搭乗手続きを終え、ゲートを抜けた後もまだ旅を続けています。

機内に入った後、乗客をアテンドする役割は、客室乗務員やパイロットへ、さらには目的地の空港スタッフへ、と移っていきます。

スタッフのバトンタッチによって、仕事は完遂《かんすい》されるということ。自分の担当は終わったから、もういい、ではいけません。むしろ最高のバトンを次に渡すべく、そして次にバトンを渡したらどうなるかもしっかりイメージしながら、それぞれのスタッフは努力をしなければいけないのです。

JALグランドスタッフ接客10原則⑥ コミュニケーション

一方通行の挨拶から始めない

グランドスタッフのサービスにおいて、コミュニケーションで大切にしているのは、できるだけ一方通行の会話で終わってしまわないことです。だから、相手も話しやすくなるような、相手から引き出せるようなコミュニケーションをすることが求められる。こうすることで、ニーズを聞き出すこともできるのです。

先にも書きましたが、人は基本的に話したい生き物です。その意味で、自然に自分も言葉が出せるようなコミュニケーション、会話ができるようなコミュニケーションは、とても好印象になると思います。

では、グランドスタッフが何をしているのかというと、**相手から言葉が返ってこないような発信はできるだけしないのです。**

例えば、「いらっしゃいませ」から始めない。「いらっしゃいませ」と言われても、こちらから返す言葉はありません。

これがもし「おはようございます」なら、どうでしょうか。こちらも、「おはようございます」と返していくでしょう。一方的に確認をするというより、引き出すようなコミュニケーションを目指すのです。

もちろん、「イエス・ノー」を確認するコミュニケーションもありますが、とりわけ入り口は「イエス・ノー」で終わらないようにする。キャッチボールができるような会話の入り方をするのです。

教官がこんな話をしていました。「最もハードルが高いのは、最初のひと声。そこでお客さまとの間にハードルを作ってしまうと、会話がつながらなくなる可能性が高まります」。だから、挨拶の言葉は極めて重要なのです。

小さな「つ」は使わない

グランドスタッフの新入社員の訓練では、学生時代の言葉から、社会人の言葉へと直していくのに、こんな教えをしています。

「小さな『つ』は使わない」

例えば、これを意識すると、こういう言葉を使わなくなります。

「あっちから持ってまいります」

これが

「あちらからお持ちいたします」

という言葉に変わる。「あっち」「こっち」が「あちら」「こちら」に変えられる。

小さな「つ」を使わないと意識するだけで、大きく変わるのです。

また、丁寧な言葉にするには「お」をつければいいわけではない、という教えもあります。その典型例として、こんな話をするそうです。

「そちらに、お座りになってください」

犬ではないわけですから、もし、こんなふうに言われたら、どう思いますか、という話。「おかけになってください」と変換しないといけない、と学ぶのです。

「出だしの音」をはっきり発音する

グランドスタッフは、搭乗ゲートでの搭乗アナウンスも大切な仕事になっていますが、このときに気をつけていることがある、と語っていたグランドスタッフがいました。

「聞き取りやすいスピードだったり、声の高さ、トーンにも気をつけていますが、特に注意するのは、出だしです。出だしの言葉が暗めに入ったり、低い声で入ってしまいがちだからです」

そうすると、聞き取りにくいし、暗いイメージになってしまう。そこで気をつけているのは、**「出だしの音」をはっきり発音することです。**「おはようございます」なら、「お」をちゃんと発音するよう意識する。

これは、チェックインカウンターでの挨拶でも同様です。「出だしの音」が小さいと、暗いイメージを作ってしまう。「出だしの音」から元気よく声を出す。これが、明るい印象を作ります。

お客さまを「名前」で呼ぶ

多くの人には、最も心地良い言葉、というものが存在している、とかつて取材で元経営者に聞いたことがあります。それは、人生で最もたくさん耳にする言葉です。何かといえば、名前です。

自分の名前は、最も自分自身が安心できる、心地良い響きを持った言葉なのです。誰かと相対しているとき、自分の名前を呼ばれて、嫌な気分になる人は、まずいないのではないでしょうか。

グランドスタッフが常に意識しているのは、名字がわかれば積極的に名前を呼ぶ、ということです。

「○○さま、こちらの内容をご確認いただけますでしょうか?」

名前を呼ばれて確認を呼びかけられるのと、名前を呼ばれずに呼びかけられるのとでは、印象はずいぶん変わります。

機内でもクラスJやビジネスクラスなどでは、客室乗務員から名前を呼んで声をかけられます。名前で呼ばれることは、けっこううれしいものです。

お客さまの目を（あるいは首元を）しっかり見て話す

ずっと端末に目が向いているのは印象が良くない、とは先に書いたことですが、やはり大事なことは、きちんと相手の目を見てコミュニケーションをとること。そうすることで、少しずつ心がほぐれていくのがわかる、と語っていたグランドスタッフがいました。

逆に目を合わせないと、なんともよそよそしい感じになってしまう。目を見て話をすることは、安心感にもつながります。

ただ、じっと目を見て話し続けるのも、それはそれで緊張感を生み出してしまいます。そこであるグランドスタッフが語っていたのが、**「（男性なら）ネクタイのあたりを見る」**。少し目線は下がりますが、それでも目は合っている、という印象になるとのこと。

また、端末操作がありますから、そちらに目をやったり、また目を戻したり、と繰り返すことで緊張を避けることもできます。

無理に話さずに、「まずは聞く」姿勢

コミュニケーションというと「話す」というイメージを持つ人も少なくないかもしれませんが、**グランドスタッフが意識しているのは「話す」よりも「まずは聞く」という姿勢でした。**

「お客さまが何を望んでいらっしゃるか、という糸口を見つけることもできます」とは教官。

もとより一方的にどんなに流暢《りゅうちょう》に話すことができたとしても、相手が求めていることでなければ、意味がありません。それよりも、相手が求めていることをきちんと聞き出し、それに的確に応えられたほうがよほど、印象はいい。

そして、求められていることとは、相手と話すこと、会話することで見つかります。その意味では、無理に流暢に話さなくてもいいのです。「聞く」ことこそ大事。大いに共感するところです。

お客さまの「ニーズの本質」を捉えていく

例えば、非常口の前の席を希望されたとする。ところが、あいにく席がもう埋まっている。ここでグランドスタッフが考えるのは、「どうして非常口の前の席なのか」ということ。そこには、必ず希望した理由があるはずだからです。

単なる表面的なニーズではなく、「ニーズの本質」を捉《とら》えていく、ということです。

そうすることで、「ゆったりと座りたい」ということがわかれば、要望に応えられなかったとしても、例えば隣が空いている座席を提案したりすることができる。

求められているニーズの本質を常に捉えるようにしているのです。

ニーズに応じられないときは代替案

例えば、窓側の席が希望。ところが、もう窓側席は一杯。ここで、「申し訳ございません。窓側席は満席です」といえばコミュニケーションは終わりです。

しかし、優れたグランドスタッフは、さまざまな代替案に頭を巡らせます。例えば、もしかすると窓側席にキャンセルが出るかもしれない、と考える。それを提案する。

また変更できるチケットの場合は、一つ後の便なら窓側席は空いているのではないか、と考えて調べる。

それでも、どうにもならないときは、「せめてお帰りの便だけでも」と帰りの便を窓側席にする。

ニーズに応じられなかったとしても、できる限りの最善を尽くす、ということです。

「申し訳ございません。窓側席は満席です」と言われてしまえば、それで終わりですが、「こちらではいかがですか。では、こういたしましょうか」と、いろいろな取り組みを目の前で展開されたら、どんな印象になるでしょうか。

親身になって、ここまでやってくれた、という印象になるのではないでしょうか。

もちろん、これだけでは終わりません。

「お客さまによっては、もちろんご満足いただけない場合もありますので、次のときにリカバリーできるよう最善を尽くします」

要望に対して何ができるのか。どこまでも考えていくのです。

寄り添いポイントをひとつに絞っていく

とはいえ、求められることは端的に出てくるとは限りません。そこでグランドスタッフが行っているのが、**少しずつ寄り添いポイントを見つけていく、ということ。**

「こちらがお出迎えをする側ですから、お鞄《かばん》をお持ちいたしますね、と近づいていったり、お足元の悪い中、という言葉を付け加えることもあります。その上で、確認しなければいけないことを順々に進めていきます」とは、あるグランドスタッフ。

短い時間の一通りの接客の中で、何か印象を残していく、というのは簡単なことではありません。**そこで、寄り添いポイントを見つけようとすると同時に、ひとつにフォーカスしていくのです。**

いろいろな要望があると思える中で、何かひとつを目がけておもてなしをしてみる。ポイントをひとつに絞ることで、短い時間の中で印象を作っていくのです。

単なるセリフにしてしまわない

新入社員の訓練では、訓練を受ける新入社員から「答え」がよく求められる傾向があるそうです。こういう場合、どうすればいいか。ところが、それを教えることはむしろ推奨されていません。

「例えば赤ちゃん連れのお客さまに、こんなお声がけをしたらどうですか、というと、その練習ばかりしてくる新入社員もいます。これでは、単なるセリフになってしまいます」とは教官。

そこで意識しているのは、「赤ちゃん連れのお客さまがいらっしゃったら、今このお客さまを想像して、何が必要だと思いますか？　何がお困りだと思いますか？」と想像させること。

本人に考えさせ、自ら気づき、そこから行動を考えていく、ということです。実はかつてＪＡＬのグランドスタッフには、コミュニケーションのマニュアルがありました。しかし、現在は言葉づかいを訓練する最低限のものしかありません。

今、コミュニケーションのベースになっているのは、ＪＡＬフィロソフィです。例えば「人間として何が正しいかで判断する」という項目。そんな視点から、自然なコミュニケーションを目指しているのです。

搭乗の目的によって会話の雰囲気を変える

例えば、明らかにバカンスに行く、という雰囲気のある人に、出張に行く人のようなテキパキした対応が求められるのかといえば、そんなことはないはずです。

逆に、明らかにビジネスの出張、しかも少し急いでいる、とわかる人に、ゆったりしたバカンスに行く人向けのような対応をしたら、どんな印象を持たれるでしょうか。

大事なことは、搭乗の目的によって、話し方を変えていかないといけない、ということ。誰に対しても、同じようなコミュニケーションをするのではなく、相手に合わせたコミュニケーションを瞬時に行わなければいけないのです。

「感謝の言葉」「肯定の言葉」から入る

要望に応えられないとき、「申し訳ございません」から入るのは、相手に「応じられない」という印象を真っ先に与えかねないもの。

そこで「会話の始まりは感謝の言葉から入ることを心がけている」と語っていたグランドスタッフがいました。

「本日は日本航空をご利用いただき、ありがとうございます」

「お待ちいただき、ありがとうございます」

という言葉から、次につなげていくのです。**なるべくプラスの言葉から入り、プラスの言葉で終わる。**

スーツケースを預けてもらったら、超過料金が発生してしまうことがわかった。そんなときにも、まずは「日本航空をご利用いただき、ありがとうございます」から入り、料金が発生してしまう旨を伝える。

いきなり「申し訳ございません」「超過料金が発生します」という相手にとってマイナスな言葉から入るのではなく、プラスの言葉から入ることで印象は大きく変わるのです。

何か質問を受けた時も同じです。できるだけ否定の言葉から入らない。肯定の言葉から入っていくのです。

「いえ、そうではなくて」という入りからではなく、「そうですね」という共感の言葉から入っていく。

乗客のどんな質問や要望も、まずは肯定的に受け止めてから、コミュニケーションを続けていくのです。

「感謝の言葉」や「肯定の言葉」から入ると、対応する側にとっても、ポジティブな心持ちを保つことができるので、代替案を作るなど、よりよい対応ができるもの。

だからグランドスタッフは、プラスのイメージでコミュニケーションを終えることができるのです。

「クッション言葉」をうまく使う

もしかしたら、こんなふうにすることが、よりニーズに応えられることなのではないか。そんなふうに常に考えているグランドスタッフですが、良かれと思って提案したことが、逆にネガティブな印象を作ってしまうこともありえます。

例えば、真ん中席の予約になっていた。両端が埋まっていて窮屈《きゅうくつ》かもしれない。見ると、後方の席は隣が空いている席もある。そこで「後方のお座席でしたら隣も空いていて、ゆったりおくつろぎいただけます」と提案すると……。

「早く出たいんだよ。だから、窮屈でも前がいいんだ！」

と叱《しか》られてしまった、とあるグランドスタッフ。求められていることと、自分が自分本位で思っている「こうして差し上げれば」というのは、必ずしも一致しない、ということです。

そこで、このグランドスタッフがその後、学んだのが、クッション言葉でした。

「よろしければ、とか、お好みであれば、といった言葉を添えてから、ご提案するようにしています」

唐突に「通路側は空いています」ではなく、「ちょうど通路側席に空きが出たところなのですが、よろしければ、こちらの席もお選びいただけます」とワンクッション置く。これなら、印象はずいぶん変わります。

わからないときは、わかる人間に引き継ぐ

いくら事前に準備していたとしても、どうしてもわからないことが出てきてしまうのが、グランドスタッフの仕事です。そこで、曖昧《あいまい》な言葉、正確でない言葉を伝えることは、やってはいけないこと。

わからないことに対しては、「わからない」とはっきり意思表示をするのです。その代わり、その場で対応できないときには、責任を持って、すぐに調べたり、わかるスタッフに引き継いでいきます。


「責任を持ってお調べしますので、少しお待ちいただけますでしょうか」

「ラウンジにてご案内いたします」

「別の担当者に引き継がせていただきます」

といった対応をしていく。

わからないことは曖昧にせずに明確にし、しかるべき対応策を迅速にとっていくのです。

JALグランドスタッフ接客10原則⑦　行動

常に考えながら行動する

グランドスタッフに求められるのは、先回りして気づく力。察知力であり、喚起力です。例えば、服装からどんな目的で飛行機に乗るのかを類推する。スーツを着た人であれば、出張のビジネスパーソンではないか、と推測できるし、カジュアルなファッションのご夫妻であれば、旅行かもしれない、と推測できます。

ただし、決めつけるのは難しさもあります。仕事ではないけれど、きちんとした恰《かっ》好《こう》で飛行機に乗って出かける、という人もいます。カジュアルなファッションだが、手には折りたたんだスーツを手にしていて、沈んだ表情をしている、という人もいます。

まさに、いろいろな目的で飛行機に乗るわけですが、さまざまなヒントをもとに、その目的を推測するのが、優れたグランドスタッフです。なぜなら、そうすることでニーズに応じた、あるいは的確なサービスができるからです。

明らかに急いでいる雰囲気でスーツを着た人なら、出張に向かう人でしょう。ならば、余計なコミュニケーションはなしに、とにかくテキパキと対応を済ませる。逆に、ゆったり旅行に行くご夫妻なら、笑顔でゆったりと対応する。

カジュアルなファッションだけれど、手にスーツを持って沈んだ表情をしている人は、親族に不幸があったのかもしれません。そのことに気づけば、とびきりの笑顔で対応するのは、はばかられます。

「いろいろなお客さまがいらっしゃり、それぞれのストーリーがあることを常に自分で思い描きながら、考え、察して動いていかないといけない」とは教官。

それこそ、「満員電車に揺られて、この空港まで来たのかもしれない」といった空港までのプロセスまで想像する力を養えるような教育体系を作っている、と語っていました。

「大事なことは、考える癖をつけることです。それが、察する力への第一歩です」

全体に気を配る視野を持つ

察知力を高めるために、グランドスタッフは何をしているのかというと、とにかく全体に気を配っています。

もちろん目の前の対応とコミュニケーションに集中しながらも、列にどんな人が並んでいるのか、ということにも目を配っているのです。そして、その様子を見ています。

「後ろでお待ちになっているときに、ビジネスパーソンの方で急いでいらっしゃるお客さまは、どのカウンターが早く空くか、ということを気にされていたりします。一方で、観光のお客さまは楽しそうに待たれている。どちらのお客さまがカウンターにおいでになるか、お出迎えするときも、対応を変えるようにしています」

そしてもちろん、列に妊娠中だったり、赤ちゃん連れだったり、という方が見えれば、すぐに足を踏み出して出迎えに行きます。何も言われなくても、さっと荷物を運ぶのを手伝うのです。

また、列に並びながら、ちょっと曇った表情が浮かんでいたりすれば、何か不安に思っていることがあるのではないか、と必ず「何かお困りのことはございませんか？」と声をかけます。

優れたグランドスタッフは、本当によく見ているのです。

お客さまの反応で状況を先読みする

あからさまに急いでいる人はわかりやすいですが、そうでない人もいます。わざわざ「急いでいる」と自ら言う人も多いわけではありません。しかし、優れたグランドスタッフは、いろいろなところから、察していきます。

「お顔の表情もそうですが、お話しになるテンポですとか、私が確認のために便名を申し上げたときに頷《うなず》かれるスピードですとか、私が話している途中でも頷かれている様子ですとか、そういうところからお急ぎ具合を把握するようにしています」とは、あるグランドスタッフ。

また、恰好や話し方、仕草や雰囲気からも、急いでいるかどうかはわかるそうです。別のグランドスタッフが語ります。

「列に並ばれているときから、マイレージのカードなどを出されていて、差し出されるときに要望を全部お伝えになる場合は、すぐにお急ぎだとわかります」

電話をしながらチェックインの手続きを済ませる、という場合はほぼ間違いなくスピード重視、と判断するそうです。

出迎えたとき、同じビジネスパーソンでも、「おはようございます」が返ってくるか、返ってこないか、でも対応は変わります。あまり話したくない、という雰囲気の人には、大事なところだけを伝えるなど、それぞれに合ったコミュニケーションや接客をするのです。そして、ひと工夫も忘れません。

「無口なお客さまには、最後にちょっとクスっとしていただけるようにできたら、最高だと思っています（笑）」とは、あるグランドスタッフ。

じっと黙々と対応して、最後ににっこりと「お仕事、頑張ってください」と声をかけたりすると、笑顔が返ってくることが少なくないそうです。

一方で、まだ時間もゆったりあるし、お話好きなのかな、と思っていたら、実は早くラウンジや搭乗ゲートに行って仕事がしたかった、というケースも。

話好きに思える人も、実は急いでいる。こんな人もいるのだ、という意識で、対応しなければいけないということです。

お客さまへの声がけは斜め前から

新入社員の訓練では、2人1組になって実際に体験します。**声をかけるときは、斜《なな》め前からがベストだという実体験です。**

絶対にやってはいけないのは、後ろから声をかけること。後ろから声をかけると、びっくりさせてしまいます。

また、真正面も少し威圧感がある。斜め前から、がいいのです。

挨拶と同意を得る際に目を合わせる

コミュニケーションでは目を合わせる、とは先に書いたことですが、**「タイミングのポイントとしては、ご挨拶のとき、あとは同意を得る際に目をしっかり合わせることです」**とは教官。

搭乗券など、確認するものを手にしながら、同じ高さの目線で合わせていくと、自然な形で目を合わせられます。

新入社員など、最初はなかなかうまく「アイコンタクト」ができませんが、この2

つのポイントでやってみると、自然に身についていきます。

荷物に触れるときは、ひと言お断りしてから

例えば、キャリーバッグの取っ手。機内に預け入れるときには当然、下げなければいけないわけですが、勝手に取っ手を下げる行動は、好まれないケースも多い。意外にムッとされてしまったりする。

新入社員の訓練で、2人1組になって「お客さま役」を体験してみると、相手の立場になって、これがよくわかります。

ですから、「下げてよろしいですか?」とひと言、必ず確認してから下げる。そもそも、荷物に触れるときには、お断りしてから、が基本です。

お客さまの要望をしっかり今後に活かす

グランドスタッフから、「なるほど、こんなところまで考えているのか」と感心させられる対応を経験した人も少なくないかもしれません。

もちろん、察知力をフルに活《い》かし、先回りしてニーズを読んだり、状況を把握したりしてコミュニケーションし、行動していくのが、グランドスタッフですが、実は**「お客さまから教えていただいたことが大きく活きてくる」**と言います。

例えば、クラスJのシートには、ビジネスの出張者がたくさん乗っています。ここで仕事をしたい、という人も少なくない。普通に資料を広げたりする分にはいいのですが、パソコンを広げるとなると、後ろの目が気になったりするものです。

そこで、優秀なグランドスタッフはこんな対応をしています。

「機内でパソコンを使ってお仕事をなさいますか。では、お座席、後ろの方がいらっしゃらない席に変更いたしましょうか」

もし、あまりパソコンを人に見られたくない、と思っていた人だったとしたら、この提案はハッとしますし、うれしいでしょう。

これは「お客さまとの会話でヒントをいただいた」とはグランドスタッフ。クラスJの間席だと見えにくいということを聞いたのです。なので、間席を選んでいるのだ、と。

こんなふうに会話でどんどん引き出しを増やし、自分から提案することが増えていく。これも優れたグランドスタッフの行動です。

お客さまが安心できる声がけをする

「自分が対応したお客さまのことは、最後まで責任を持って対応する」というのが、グランドスタッフの原則。**不安そうにしていることがわかれば、きちんと申し送りをしていきます。**

例えば、幼児連れのお母さん。心配しているのは、子どもが機内で騒がないか、ということです。

「必ず心配していらっしゃると思いますので、その心配を少しでもやわらげるアプローチが自分からできるよう、心がけています」とはグランドスタッフ。

例えば、お子さんに声をかける。大丈夫だよ、と安心させる。搭乗券にシールを貼る。これだけでも、ずいぶん変わるそうです。

そして、それでも不安そうであれば、搭乗ゲートのスタッフや客室乗務員に申し送りしておきます。要望があれば、目印となるようなバッジを着けてもらったり、洋服の特徴を搭乗ゲートのスタッフに申し送りしたりすることも。

場合によっては、搭乗ゲートまで案内することもあるのだとか。

また、チェックインカウンターで「親族に不幸があった」と思えるケースも、搭乗ゲートのスタッフや客室乗務員に申し送りをしたりします。

「少し沈んだ様子のお客さまに、何かご事情がおありですか、とお声がけすると、実は……とお話しくださる場合も少なくありません」とはグランドスタッフ。

こういうときは、あまり明るく振る舞わないでほしい、と申し送りするのです。ちょっとしたことですが、これもまた心づかいです。

もし逆の立場であれば、うれしい心づかいだと思います。客室乗務員も笑顔は大事にしていますが、誰もが楽しく明るい旅行というわけではない、ということを認識しているのです。

ＪＡＬグランドスタッフ接客10原則⑧　難しい事態への対応

「情の位置」で対応する

台風で飛行機が飛ばなくなってしまった、機材のトラブルで大幅に遅れている……。どうにもならない理由で、乗れるはずだった飛行機に乗れなくなってしまう。こういうことがありうるのが、エアラインです。

こういうとき、空港にいて対応をしなければいけないのも、グランドスタッフ。難しい対応が必要になります。

また、何度も書いているように期待値が高いのがエアラインのサービス。ちょっとしたことで、厳しいご意見をいただくことも。そういうときにも、対応しなければなりません。

そんなとき、どうするか。**まず大事なことは、「情の位置」「情の空間」に入ることだ、**と教官。声をかける位置、話をする位置も重要なポイントになるのです。真正面でコミュニケーションをすると、どうしても対峙《たいじ》するイメージになります。「お怒りのお客さまと威圧的に向かってしまうことになる」とはグランドスタッフ。

そこで、真正面ではなく、ちょっと斜め横に位置する「情の位置」「情の空間」で対応するのです。横から入って「情の位置」に入る。

可能ならば、どこかの席にかけてもらい、こちらはかがんで目線を低くして話を聞く。ここからスタートするのです。

難しい対応だから、と避けてしまうのも方法かもしれませんが、乗客が怒りや不満を抱えたままその場を立ち去ってしまえば、いい印象などとても残りません。しかし、

ここできちんとした対応をすることができれば、むしろプラスの印象を持ってもらえる可能性もある。

だから、グランドスタッフは逃げることはしないのです。

お客さまの話を最後まで聞く

台風などの事情で飛行機が飛ばなくなって、トラブル対応が必要になったときには、**「何よりまずはお客さまのお話を最後まで聞くことが大事」**とは教官。

途中で話を遮《さえぎ》ろうとしたり、何か言い訳をしようとしたりすると、火に油を注ぐようなことになりかねない、というのは、他の世界でも同じです。

まずは傾聴する。「ご迷惑をおかけし、誠に申し訳ございません」と詫びる。対応の悪さが厳しい意見や指摘を生んだ場合には、いただいた意見をしっかり今後に活かすことを伝える。

ただ謝《あやま》るだけではなく、きちんと受け止める。同じ過《あやま》ちを二度と繰り返さないことこそ、必要なのです。

事実を正確に伝えることも重要

事実をしっかり話すことも重要です。

「空席はございません」「○○便は欠航となります」……。飛行機が飛ばない理由。台風で危険。安全を守るため。運航は安全がしっかりと確認できてからになる。

台風でない場合は、他の航空会社はどうなっているのか。「間違いなくおたずねがありますので、お客さまが問い合わせをされる前に、先んじて私たちのほうで調べています」とはグランドスタッフ。聞かれることを想定して、便の状況、空席状況などを把握しておきます。

「できない」から発想しない

飛行機が飛ばなくなってしまった。これはもう、どうしようもないことです。しかし、だから、何もできないわけではない、というのがグランドスタッフの考え方です。

「お客さまに寄り添い、まずはお詫びをして、お客さまがその先、何を望まれているのかを考えて、次の行動に移るようにしています」とは、あるグランドスタッフ。

台風で欠航になるのであれば、翌日以降の振り替えにならざるを得ません。

「お客さまにうかがって、とにかく早く移動したい、ということであれば、飛行機以外の地上交通をお調べして、ご提案します」

もし、ＪＡＬの機材不具合等での欠航であれば、他社便をすぐに調べます。もう直行便はないが、今日中に出発したい、ということであれば、どこか経由便を探して提案したりする。代替案を見つけて提案するのです。

お客さまの優先順位を確認する

飛行機が遅れる旨をチェックインカウンターで伝えなくてはならないとき、「まずすべきは、お客さまの優先順位を確認すること」とはグランドスタッフ。

遅れても構わないので、このまま搭乗したいのか。もし振り替え便があるのであれば、早く行きたいのか。別の空港を経由してでも、なんとか行きたいのか……。

「優先順位を確認し、どこにフォーカスするかによって、対応方法は変わってきます。何をすべきなのか、というヒントはお客さまの中にあります」

そのヒントを認識した上で、提案できるチョイスづくりに取りかかります。

お客さまの事情を想像する

ＪＡＬのグランドスタッフが目指している「お客さまに寄り添う」。これは、どんな時も同じだと言います。寄り添うためにも、まず行うべきは、**「お客さまにもご事情がある、ということを想像すること」**だとグランドスタッフ。

急いで乗りたいのに、チェックインカウンターに列ができている。飛行機が遅れてしまったら、乗り継ぎ便に間に合わない。翌日から仕事があるのに、台風が来てしまって戻ることができない。実は結婚式に出席するはずだったのに欠航……。中には、涙ながらにグランドスタッフに訴える乗客もいるといいます。

だからこそ、もし自分が同じ立場だったとしたら、どうか。そんな気持ちで、それぞれの事情に頭を巡らせながら、話を聞く。それを心がけているのです。ＪＡＬフィロソフィの「お客さま視点を貫く」にも通じるものがあります。

そのような気持ちで話を真摯《しんし》に聞き、できることはないかと考えていると、「いや、君たちに怒っているんじゃないんだよ」「いろいろ言って、申し訳なかった」「頑張って対応をしてくれてありがとう」という言葉が最後に返ってくることも少なくないそうです。

たしかに、何か腹に据えかねることがあって話を聞いてもらうとき、他人事のように言われてしまえば、いい気持ちはしません。しかし、しっかり寄り添って聞いてもらえたならどうか。こんなふうにしては、とできる限りのことを提案されたとしたらどうか。それは、決して悪い気にはならないと思うのです。

実のところ、飛ばない飛行機はどうにもなりません。気分を害されたから、と謝られても害された気分がなくなるわけではない。取り戻せないことを言っていることは、本人もわかっているのです。だからこそ、「お客さまにも事情がある。それを十分に想像している。申し訳ない」と寄り添ってもらえることは、うれしいことです。

最後までベストを尽くす気持ちを持つ

接客がスムーズにいかず、もしかすると、モヤモヤした気持ちのまま出発させてしまったかも、とグランドスタッフが感じることも時にはあります。

「時間がないのでもういいよ、と出発していただくことになってしまったり……」

こんなときは、自ら何か対応策を考えて搭乗ゲートにまで足を運んだり、到着する空港のグランドスタッフに申し送りをすることもあります。

中には、戻ってくる便の到着ゲートで待っていて、対応の続きをした、というグランドスタッフも。

「お客さまは、とてもびっくりされましたが、喜んでいただけました」

グランドスタッフは、最後までベストを尽くすのです。そして、失敗したことは忘れない。同じことを繰り返さないためです。

最後までお客さまのご希望に沿う努力をする

例えば、窓側席を希望していた人がいたとする。すでに予約は満席で、希望には添えなかった。ところが、出発直前にキャンセルが出て、窓側席が空いた。

もし、このままにしておくと、どうなるか。機内で「なんだ、窓側席は空いているじゃないか」ということになりかねません。

そこで、**「もし窓側席に空席が出るようなことがあれば、お声がけして移動できるようにしてほしい」**と、搭乗ゲートや客室乗務員に申し送りしておくこともあるといいます。

こうすれば、不快な思いどころか、「こんなギリギリのところまで、要望を覚えていてくれたのか」と感激してもらえる可能性だってあるかもしれません。

不快な思いどころか、喜んでもらえるような、心づかいの対応になるのです。

たとえパスポートを忘れてしまったとしても……

海外に出かけるのに、パスポートを忘れてしまった。チェックインカウンターで気がついて、真っ青に……。実はそれほど珍しいことではないといいます。

こういうときに、冷静に対応をするのも、グランドスタッフの役割です。「多くの場合で、どうしよう、もう行けない、とお客さまは思い込んでしまわれます。実は、必ずしもそうではなくて、いろいろ代替案を作ることもできます」とはグランドスタッフ。

まずは落ち着いてもらう。パスポートを取りに戻る時間があるかどうかを確認する。間に合わないようであれば、別の便に振り替えることができないか、考える。

直行することができなかったとしても、国内の別の空港を経由して行くことができる場合もあります。

こんなことは、一般の乗客にはわかりませんから、良かった、行けるんだ、とホッと胸をなで下ろす人も少なくないそうです。

思わぬことは起きるもの。グランドスタッフは、そうした場合の対応力も求められてくるのです。

ＪＡＬグランドスタッフ接客10原則⑨　習慣・トレーニング

気づいたことは職場でお互いに指摘し合う

身だしなみ、立ち居振る舞いにしても、コミュニケーションにしても、高いレベルを貫いているグランドスタッフ。**それを可能にしているのが、グランドスタッフ同士で、常に指摘し合う、という習慣です。**

いわゆる朝礼などでは、報告事項の伝達のほかに、お互いの身だしなみをチェックし合いましょう、という時間を設けている部署が少なくありません。そんなふうに、しっかりお互いに言い合える環境を作っている、ということです。だから、統一美も守れる。

新入社員の訓練でも、教官が指導していく他に、新入社員同士が2人1組でペアになって向かい合い、いろいろ指摘し合ったりします。

自分では気づけないこともたくさんありますが、指摘し合うカルチャーが醸成《じょうせい》されていることが、それをカバーしてくれているのです。

ロールプレイを行う

新入社員の訓練で、実践練習として行われるのが、ロールプレイです。これは後に詳しく書きますが、JALのグランドスタッフの教育センターには、モックアップと呼ばれる空港で使われるチェックインカウンターの実物が用意されています。

そこで、お出迎えから始まる「練習」を行っていくのです。そして、お客さま役の教官が、姿勢、挨拶、お辞儀、立ち居振る舞い、表情、手の位置などをチェックしていきます。やはり実践的な練習があってこそ、スムーズに動けるのです。

ただ、「人は自分が納得しないと動けない」とは教官。そこで行われているのが、ビデオの撮影です。お出迎えがきれいに美しく見えているか。それは、自分のお出迎えをビデオで見れば、一目瞭然《いちもくりょうぜん》です。**いろいろな角度から自分を客観的に見ることに**

よって、本当の姿が見えてくるのです。

　本人は笑っているつもりなのに、まったく笑顔になっていない。「お叱りの言葉」をいただいている設定なのに、気持ちが表情に表れていない。「笑顔ばかりでは成り立たない」ということも、こうして自覚してもらうのです。

　実際、ビデオで見た後は、接客は大きく変わるといいます。「人の意識ひとつで、ここまで変わるのか、と思います」とは教官。**鏡を見ながらの練習は、どうしても自分で意識してしまう。ビデオは客観的に見ることができるのです。**

　また、実際に自分がお客さま役としてロールプレイをしていると、「なるほど、お客さまとしては、こういうところが気になる」ということにも気づけます。

　ロールプレイやビデオ撮影は、サービスを向上させていくための取り組みの一環として、定期的に行っている空港や部署もあります。今はスマートフォンで手軽にビデオ撮影できます。グランドスタッフは語ります。

「お客さまの目に映っている姿を、定期的に見る機会はやはりあったほうがいいですね」

仲間同士への心づかいも大切

「お客さまへの気づかい、心づかいというのは、一緒に働く仲間にもできないといけない」とはグランドスタッフ。**仲間同士が気づかえてこそ、それが実際のサービスとして表に出てくる、ということです。**

「そういう姿をお客さまもご覧になって、この会社は素敵だな、と思われると思うのです。一緒に働く仲間が同じ方向を向いて、お客さまにこうして差し上げたい、という気持ちがないと、チームとしてはまとまらないと思っています」

いいサービスをしていくためにも、仲間同士の日頃の信頼関係が必要になってくるということです。

実際、チェックインカウンターで業務をしている際、自分が空いていれば、隣の同僚の対応をしっかり見たり、会話を聞いているケースが少なくないのだとか。

「そうすれば、スタッフがちょっと対応に困ったときも、すぐにフォローができます」とは別のグランドスタッフ。

こんなところでも、先を想像しながらの仕事が意識されているのです。

仲間との情報共有で切り替え上手に

たくさんの人と日々コミュニケーションをしなければいけない仕事。常に見られている、という意識も強いので、緊張感もずっとあるはずです。しかも、時には求められる要望に応えられなかったり、ミスをして落ち込むことも……。

「だからこそ、気持ちを切り替えることが大事になってきます」とは教官。実際にグランドスタッフに切り替え方を聞いたところ、最も多かったのは、**「自分だけで問題を抱えず、休憩時間などに同僚たちに話を聞いてもらう」こと。元気づけてもらえたり、アドバイスをもらえたりする。聞いてもらえるだけでも、まったく違うといいます。**

また、「休日にどこかに出かけたり、おいしいものを食べたりして気分転換する、リフレッシュする」という声も少なくありませんでした。

ネガティブな気持ちになったまま、それを引きずってしまうと、いいサービスはできません。切り替え上手であることも、グランドスタッフには大事なことなのです。

一方で、落ち込んでいる姿がわかると、まずは別の場所に連れていく、と語っていたリーダーもいました。まずは落ち着くことが大切、ということなのでしょう。

また、反省はしつつも、**「反省ばかりだと落ち込んでいくばかりなので、過去の成功体験をイメージするようにしている」**というグランドスタッフも。「起きてしまったことは仕方がない。次に活かせればいい」「JALフィロソフィにならい、『ものごとをシンプルにとらえる』。そうすれば、きっとお客さまとウインウインの関係になれるので、クヨクヨせずに楽しむ」という声もありました。

メンタルの自己管理も、グランドスタッフには大切な要素です。

「日常」での過ごし方が本番に出る

新入社員の訓練では、極めて基本的なことから教育が始まります。例えば、落ちているゴミを拾う。まわりをきれいにする。

また、受講中にテーブルに肘《ひじ》を突いていたり、脇に置いてある鞄が開けっ放しになっていたり、机の上が乱雑だったりすると、厳しい指摘が飛びます。

当たり前のことですが、当たり前のことをきちんとやることが、何より大切だから。

もっといえば、**普段やっていることは、そのまま「本番」に出てしまうからです。**「お客さまの前ではきちんとしていればいい」というわけにはいきません。なぜなら、日常のさまざまな習慣が、その場に出てきてしまうから。「お客さまの前」だけできちんとする、ということはできないのです。

これは、どんな仕事でも同じですが、「日常」での習慣が、本当に大切な場面で出てしまうものです。だからこそ、日常をきちんと律しなければいけない。普段からきちんとする、ということをグランドスタッフは心がけているのです。

ＪＡＬグランドスタッフ接客10原則⑩　サプライズ

お客さまにサプライズを届けたい

あまり書くと、いわゆる「ネタバレ」になってしまいますので、ほんの少しだけ、ご紹介しておきましょう。例えば、パスポートを提示されたり、当日シルバー割引を利用したりすると、グランドスタッフには誕生日がわかります。

そうすると、それとなく「今日はお誕生日なんですね。おめでとうございます」と伝えることも少なくないのだとか。しかも、そればかりではありません。

客室乗務員にも申し送りをして、機内で「お誕生日おめでとうございます」と声をかけられることもあるとか。これは、うれしいでしょう。

誕生日については、他にもサプライズがあるそうなのですが、これ以上は書かないでおくことにします。

また、チェックインのとき、コミュニケーションの中でハネムーンだとわかったときも、やはり客室乗務員に申し送りをしておくことがあるといいます。機内でのサプライズ祝福は、当然ですが、とても喜ばれます。

こうしたサプライズを実現させるためにも問われるのが、グランドスタッフの気づく力。ハネムーンにしても、「新婦側のパスポートがまだ新しい」などヒントを探ります。

取材でサプライズの話をするときのグランドスタッフは楽しそうでした。喜んでもらうことは、グランドスタッフにとっても大きな喜びなのでしょう。そのためにも、「気づく力」が重要になります。

第3章

グランドスタッフは、どのようにして育てられているのか？

～新入社員がわずか2週間で変わる教育現場の秘密～

最優先は安全への意識づくり

さまざまなスキルでサービスに挑むＪＡＬのグランドスタッフ。では、彼女ら彼らは、どんなふうに育てられているのでしょうか。

何より第一は、安全への意識を徹底することから、と語るのは、空港オペレーション教育訓練部部長の上原博信さんです。

「私は１９８５年の日航機墜落事故の後に入社しました。他の事故も含めてですが、事故というものを強い教訓にしなければいけないと考えてきました」

上原さんは、事故現場となった尾根に何度も登っています。

「新入社員のときに行き、管理職になって行き、子どもが生まれてからも行きました。何度行ったか、覚えていませんが、そのときどきにまったく違う思いを持ちました。今のような、安全を守るための意思決定をするような立場になると、また思いは違ってきます。**できれば飛行機を飛ばしたい、と考えるときもあるわけですが、そのときに止める勇気を持たないといけない。**こうした思いが顕著になければいけないのが、航空運送事業ではないかと思います。ですから、安全はすべての基盤として、必ず新入社員には伝えるようにしています」

一方で、定刻通りに出発・到着するという「定時性」に挑まなければいけないのも、航空会社のサービス品質の一つです。安全を確保し、接客サービスをしっかりしながらも、定時に出発させることを目指さなければいけない。その期待があるからです。

ここで上原さんが強調するのが、たくさんの仕事が積み重なって、定時性という基本品質が維持される、ということです。

「例えば、荷物を運ぶスタッフの動きが遅れることで、出発が遅れてしまうことがあるわけです。ですから、搭乗手続きを行うグランドスタッフは、荷物を搭載するスタッフに、今回はこんな特別な荷物がある、といったことをいち早く伝えていかないといけません。そうした、いろいろな仕事の連携があって初めて、飛行機は定刻通り出発することができるのです」

これもまたJALフィロソフィにあった、「最高のバトンタッチ」です。

「グランドスタッフも、時にはお客さまに急いでいただかなくてはいけないときがあります。しかし、グランドスタッフが急いではいけません。お客さまにも、できれば急いでほしい、という気持ちで、いかに対応するか、を考えていかないといけない。

そして、急いでいただいたときには、本当にありがとうございました、という感謝の気持ちを忘れない。こういったことも含めて、総合的なサービスを空港ではしないといけない、ということを伝えています」

航空業界の大きな特徴は、安全を最優先に、定時運航、サービスを意識していかなければいけないということ。これは、他の業界とは違うところであり、その理解をまずは、新入社員はするのです。

折れそうになった心を救ったのは「お客さま」のひと言

上原さんが率いる空港オペレーション教育訓練部のミッションは、〝世界で一番お客さまに選ばれ、愛される航空会社〟でありたいという目標を実現するための人財を育成することです。そのための、今の教育体系ができたのは、ＪＡＬの経営破綻後でした。

上原さんは破綻のとき、成田空港で仕事をしていました。管理職として電話を取ることも少なくありませんでしたが、当時はお叱《しか》りの毎日だったといいます。〝だからつぶれるんだ、お前らは〟といった言葉をたくさん浴びることになりました。

「もちろん私たちは、お客さまに、あるいは社会に大変なご迷惑をおかけしたという お詫《わ》びの気持ちがありました。それでもやはり、心は折れそうになっていきました」

実はこの破綻をめぐる話は、今回取材したグランドスタッフからも聞きました。〝こんなことをやっているからつぶれるんだ〟〝株券が紙くずになった、どうしてくれる〟〝本当は乗りたくなかったけど、仕方がなかった〟……。厳しい言葉は、グランドスタッフたちにも投げかけられていました。

「心が折れそうになっていた現場のスタッフも、少なくなかったかもしれません。でも、そのような私たちを救ってくださったのも、やはりお客さまでした」

これもまた、グランドスタッフたちも語っていました。〝こういうこともある。頑張れ〟〝最後まで応援しているよ〟〝これからだ〟〝きっと復活できる、心配するな〟……。こんな言葉をかけられることがたびたびあったのです。

「この叱咤激励《しったげきれい》が、どれほどうれしかったか。そんなふうにお声がけくださるお客さまに対して、しっかりともう一度、感謝の気持ちを返さないといけない。そう強く思うようになっていきました」

教育体系を新たに作る際にも、その思いが根底にあった、と語ります。

そしてもうひとつ、新しいＪＡＬを作りたいという思いを、感情的にも理論的にも支えることになったのが、ＪＡＬフィロソフィだった、と上原さん。

「それまでは何かを決めようとするときに、さまざまな意向によって指針が変わるようなことがなかったわけではありません。しかしＪＡＬフィロソフィで、**誰が正しいのか、ではなく、何が正しいのか、人としてどうなのか、という根源的なところに立ち戻ることができました**」

いいサービスをする上で、何が本当に必要なのか。ＪＡＬフィロソフィをベースにして、具体的にどんなスキルが求められてくるのかを、現場レベルで作っていく。こうして新しいＪＡＬに変えていくことが、自分たちの最大のミッションだと本気で思うことができたと語ります。そのための訓練をしっかりやらないといけない。ＪＡＬのサービスを確立させていかないといけない、と。

例えば、急いでいる人に対しては、笑顔がなくてもすばやくスキルで対応すればいい、という考え方もかつてはあったといいます。

「でも、今は違います。ＪＡＬフィロソフィの最初の項目にあるのが、『人生・仕事の結果＝考え方×熱意×能力』。**どんなに能力が高くても、熱意があっても、考え方が間違っていると、お客さまに対する正しいサービスはできなくなってしまう。**実のところ、こういう意識の欠如が、それまでのＪＡＬの問題だったのかもしれない、とも思いました」

ＪＡＬフィロソフィをベースに、しっかり考え方を統一することで、ＪＡＬのサービスをひとつのベクトルに向かって進めていくことができるようになった、と語ります。

「ＪＡＬフィロソフィの『常に謙虚に素直な心で』にしても、『美しい心をもつ』にしても、『自ら燃える』にしても、私たちはお客さまにこうしたい、ということがはっきりしています。そうすることで、搭乗券の手渡しひとつとってみても、それはＪＡＬフィロソフィに合ったものか、と考えるようになる。また、お手伝いの必要なお客さまがいらっしゃれば、一歩前に出ていくようになる」

ＪＡＬフィロソフィの文字だけを追っていても、なかなか深く理解するのは難しいかもしれません。しかし、先にも紹介した全社員が参加することになっている「ＪＡＬフィロソフィ教育」もあります。ＪＡＬフィロソフィを体現しているスタッフの仕事にたくさん触れることで、1年目より2年目、2年目より3年目とどんどん理解度が高まり、ＪＡＬフィロソフィに沿った行動ができるようになっていくのです。

「難しいのは、これを継続していくことです。いかにモチベーションを維持し、継続していくか。それが問われると考えています」

お客さまが求めるJALならではのおもてなし

実際、どんなことが本当に喜ばれることなのか。JALに求められているのか。上原さんは破綻後にこんな実体験をした、と語ります。

「香港から成田空港を経由してアメリカやヨーロッパ行きのJAL便をご利用くださっている、お客さまがいらっしゃいました。いつもファーストクラスのご利用だったのですが、経由地の成田空港で私はいつもお叱りを受けていました」

破綻から、しばらく経ってからでした。もっとこうすべきだ、という声を何度もいただき対応をしていたところ、あるとき、おもむろにメガネケースを取り出されたのです。中に入っていたのは、メッセージカード。JALのスタッフが手書きで書いたカードでした。

こう言われました。〝香港からアメリカやヨーロッパに行こうと思ったら、他のエアラインでも行ける。JALよりも、いいシートがあるかもしれない。それでもJALで行くのは、JALのおもてなしが欲しいんだ。あれは、世界にないものなんだから。そこに気づいてほしい。お金を払って乗っているんだから、その対価としてJALにしかできない、あのおもてなしをするべきだ〟と。

根底にあったのが、メッセージカードでした。

「破綻後、若い航空整備士が、私のところにやってきました。居ても立ってもいられないから、自分たちにも何かさせてほしい。メッセージカードを書くことならできる。自分たちにやらせてほしい、と」

それだけではありませんでした。〝私たちにもメッセージカードを配らせてください〟と搭乗ゲートで手書きのメッセージカードを配ったのです。

「**どのような思いで自分たちが仕事をしているか。それを綴《つづ》ったメッセージカードでした。これが、お客さまの心を打ったのだと思います。**ファーストクラスのお客さまは、そのメッセージカードを大切にしていらっしゃったんです」

しかも、こうも言われました。

〝僕は会社経営をしている。整備をしている社員が、関係のない現場にまで来て、メッセージカードを渡しながら、申し訳ありません、会社がこんなふうになってしまって、と謝《あやま》っている姿を見て、本当に感動してしまった〟と。

ＪＡＬは破綻してしまったけれど、一人ひとりのスタッフはこんなことをしているんだ、とご自身の会社の社員に伝えていたのです。上原さんは続けます。

「私は涙が止まりませんでした。振り返ってみれば、これこそＪＡＬフィロソフィを体現した行動だったわけです。ＪＡＬフィロソフィ教育をしていれば、きっとこういう感動をお客さまに与えられる。だから、しっかり学び、実践していこう、と自分にも言い聞かせています。お客さまからの信頼というのは、おそらくこういうことの積み重ねから生まれるものと思うのです」

　もちろん、簡単に変われたわけではありません。ＪＡＬ再建をリードした稲盛和夫さんの話はすでにしましたが、稲盛さんが世界規模で開いている勉強会に盛和《せいわ》塾《じゅく》があります。この塾のメンバーの一人から、上原さんは厳しい指摘を繰り返しもらった、と語ります。

　半年経っても、1年経っても、厳しい言葉は変わりませんでした。

「ところが1年半ほどして、最近よくなってるんじゃないの、とおっしゃったのです。このときは、本当にうれしくなりました。すぐに、空港のスタッフに伝えました。みんな、とても喜んでくれて。なるほど、これだ、と思いました。喜んでいただけることころが、みんなの何よりの喜びになるのだ、と」

訓練が中断になったパイロット訓練生が教えてくれたこと

ＪＡＬフィロソフィとは、ＪＡＬが目指すものとは、どういうものか。上原さんはもうひとつ、成田空港でこんな経験をしたと語ります。

部下にパイロット訓練生がいました。新入社員だったわけですが、経営破綻によって、私は彼らにつらい宣告をしなければならなくなりました。パイロットの養成が、ストップしてしまったからです。パイロットを諦《あきら》めるか、ＪＡＬを離れるか、決断をしてもらわなければいけなくなってしまったのです。

話を切り出した後、５分もの間、沈黙が流れました。結果的に、このタイミングでＪＡＬを離れていった訓練生もいました。しかし、ある訓練生がこんなことを言ったのです。

〝上原さん、私はもう会社に言いたいことはありません。もうまったく何も期待しません。私はこの会社を変えます。これだけお客さまにご迷惑をおかけしているのに、パイロットになりたいとは今は言えない。ただ、今後、パイロット養成を再開できる会社にしたい。だから今、何をすればいいですか？〟

上原さんは、今、最も求められているのは、売り上げを最大にすること。これしかない、と伝えました。

では、どうすればいいのか。まだ入社から数カ月の新入社員です。上原さんは答えたそうです。

「ＪＡＬカードの会員獲得はどうか、と。破綻時には、厳しい言葉をたくさん投げかけられましたが、〝本当はＪＡＬになんて乗りたくないけど、ＪＡＬカードのマイルがあるから仕方なしに乗っているんだ〟とのお話が何度もありました。私は今はこれしかない、と言いました。ＪＡＬカードの会員を獲得しよう、と」

訓練生は、わかりました、では、ＪＡＬカードの獲得を頑張ります、と上原さんに言いました。

「当時は、10万人の会員獲得キャンペーン中でした。実際、スタッフ一人ひとりが頑張らなければいけませんでした。でも、空港のスタッフにも思いはあるわけです。自分たちはＪＡＬカードの営業のために仕事をしているのではない。接客が好きで、安全に定時に航空機を出発させ、お客さまの素敵な笑顔が見たくてこの仕事をしている。

どうして営業をしないといけないのか、と」

当時は管理職で10件の会員獲得目標があったそうです。上原さんは13件の獲得をしていました。新入社員の目標は3件。ところが、上原さんは仰天することになります。その訓練生は、70件以上のＪＡＬカード会員を獲得してきたからです。

聞けば、朝昼晩、小学校、中学校、高校、大学の卒業名簿を見て、電話をし続けていた。そのことに次第にまわりが気づいていきました。

「彼はパイロットの夢を諦めて、自暴自棄《じぼうじき》になって会社を辞めてもおかしくない状況でした。ところが、ＪＡＬカードを徹底して営業している。そうなると、周囲が気にしだします。しかも、感心したのは、〝上原さん、このカードすごくいいですね。どうしてみんな勧めないんですか？〟と、本気で言っていました。本当に素晴らしいと思いました」

上原さんは、彼に勉強会をしてもらいました。空港スタッフにＪＡＬカードの会員獲得の教育をスタートさせたのです。そうすると、**パイロット訓練生だった新入社員が頑張っているのに、自分たちが頑張らないわけにはいかない、という波が起こり始めました。**本当は彼が一番つらいはずなのに、自分たちは何をやっているんだ、と。

これがモチベーションとなって、みんなが頑張り始めたのです。既成概念にとらわれない若手が、組織を動かし出したのです。

上原さんは、ＪＡＬフィロソフィを体現した例として、ＪＡＬフィロソフィ教育の場でも彼を紹介しました。

「大変な思いをした人ももちろんたくさんいましたが、こんなに実直に頑張っている若い社員がいること、そしてそれが組織を変えていった事実を知ってほしかった。みんな苦しいかもしれないけれど、それでもやはり変えていこう。意識を変えて、最高のサービスを提供できるよう頑張ろう、と」

２年後、パイロット養成の再開が決まりました。頑張った若い訓練生たちがパイロット訓練に戻れるとわかったとき、成田空港のスタッフは全員が涙、涙で祝福したそうです。本当に良かった、と。

企業カルチャーが変わればサービスも変わる

新しいＪＡＬを作っていく、新しいＪＡＬのサービスを作っていくとき、そのベースになったのが、こうした行動にもつながっていくと思えたＪＡＬフィロソフィだった、と上原さんは語ります。

「いろいろと自分たちを振り返ることもできました。破綻したとき、自分たちがどれだけそれまで恵まれていたのか、ということにも徹底的に気づかされました」

当たり前だと思っていたことが、当たり前ではないということがわかったのです。だからこそ、お客さまに対してのアンテナを高く掲《かか》げないといけないことにも気づきました。

「もしかしたら、何かお困りなのではないか、とすぐに思い浮かぶようになる。それは、例えば、『美しい心をもつ』『常に謙虚に素直な心で』というＪＡＬフィロソフィが浸透していったからだと思います。表面的なスキルだけではなく、マインドから変わっていかないといけないんです」

そして、その視線は実は内側にも向けられるようになっていきました。これが組織を変え、サービスを変えるようになっていくのです。

「お客さまに対するサービスや気づかいだけでなく、同僚、さらには上司や部下に対する思いやりの心も生まれるようになった。みんな、自分が周囲から尊重され、サポートされていると思うと、頑張れるんです。だからまた、お客さまに対して良いサービスができるようになる」

象徴的なものが、褒《ほ》め合うカルチャーができていったことです。誰かが誰かを褒める。見られている、認めてもらえるということでモチベーションが上がる。もっと頑張ろう、もっといいサービスをしよう、と思えるようになる。

「実際、ある空港では毎朝、ブリーフィングのときに、くじ引きで選ばれた人が誰かを褒める、という取り組みを進めていました。Aさんがこんなお声がけをお客さまにしていた。あれは自分ではできるものではない。さすがはベテランの素晴らしいサービスだ、と」

日本人は、どちらかというと、あまりお互いを褒め合ったりすることはしません。言わなくてもわかるでしょ、という空気もある。欧米では、子どもの頃から相手を褒める教育が行われますが、日本ではそうではない。だから、最初は照れもあります。

「ちょっと恥ずかしいみたいですね。でも、恥ずかしいからちょっと笑いが出てきたりする。この笑いがいいんです。自然な笑いだから。みんな笑いましょう、といっても、なかなか笑えるものではありませんが、自然な笑いが出てくるようになる。これが、職場で普通になっていくわけです。そして、お客さまの前でも出るようになる」

褒め合うカルチャーが職場の風土を変え、サービスをも変えていくのです。

加えて、お互いのサービスを共有することで、サービスの幅が広がります。なるほど、こんなふうにする方法があるのか、とサービスのスキルも見つけられる。**褒めるポイントを探そうと、視野も広くなる。そうすると、サービスも蓄積できます。**

毎朝、交代で褒めていくことは、褒めることが目的なのではありません。褒めることによって、職場が変化して、サービススキルをも高めていくことができるのです。

「褒めるところを探そうと、同僚や上司、部下に目が行くようになりますが、同じようにお客さまにも目が向くようになります。そうすると、素敵なスーツですね、というひと言が自然に出るようになる。お客さまにも、興味を持つことができるようになります。こういうことが醸成《じょうせい》できるカルチャーを、みんなで共有することができるようになったのは、とても大きいと思います」

こうしたカルチャーづくりも、ＪＡＬフィロソフィが原点にあると語ります。

「どうして、こんな当たり前のことを、と思うかもしれませんが、これが大事であると、しっかり理解しないといけない。破綻前もサービスについて多くの知識を持っていた人はいたかもしれませんが、みんながバラバラのベクトルで自分がやりたいことをしていた。だから、船は前に進まず停滞したままだった。それを同じ方向に向かわせることができたのが、ＪＡＬフィロソフィだったんです」

だからこそ、新入社員の訓練もＪＡＬフィロソフィがベースになります。心が伴ってこそ初めて、心づかいになるのです。

新入社員の訓練はわずか2週間

新入社員の訓練は、毎年、羽田空港近くにある教育施設「テクニカルセンター」で行われています。ここには、モックアップと呼ばれる、実物と同じチェックインカウンターなどがずらりと並び、実際にカウンターに立って業務やサービスが学べるようになっています。

この模擬訓練施設ができたのも、経営破綻後の２０１２年。教育体系が新しくなったときです。教育に力を入れよう、人財を育成しよう、もっといいサービスを目指そう、という思いの表れのひとつでした。空港オペレーション教育訓練部企画・運営グループ長の秋山仁さんは語ります。

「新入社員の訓練のみならず、訓練をレベル別で行ったり、ブラッシュアップ教育に用いたり、と活用されています。講習のような形で受けるよりも、疑似体験をするほうが、よりお客さまへのサービスがイメージしやすいだろう、ということで作った施設です」

２０１７年４月入社の国内線配属の新入社員は約１５０名。訓練生は、十数人ずつのグループに分けられ、約２週間の訓練を受けます。そのグループ一つひとつに、グランドスタッフ経験のある教官２人がつきます。

教官は、専属で訓練を担《にな》っている専任教官と、通常はサービス業務やマネジメント業務を手がけており、訓練時に教官を務《つと》める兼務教官がいます。専任教官は国内線、国際線を合わせて12名。兼務教官は約30名になります。

教官は豊富な経験を持っています。自分が経験したこと、成功談も失敗談も、現場で起こっていることも、実体験に基づいて教えていく仕組みです。

そして、専任教官のみならず、兼務教官もいる、というのが、ひとつの特徴です。普段は現場の仕事をしているので、一番タイムリーに、肌感覚で空港の状況がわかっています。それを訓練生に伝えていくことができます。

ひとつ驚かされるのは、新入社員の訓練は、わずか2週間ほどしかない、ということです。それだけに、緊張感は大変なものになります。それこそ、講義や模擬訓練をしているとき以外も教育の場。教官による厳しい指導が行われます。秋山さんは語ります。

「しかも、毎日同じ教官と顔を合わせることになります。クセを直されたり、講義以外のときの態度にも指導が入ります。社員食堂で食べているときにも、指導している教官が同席しています。普段の姿が、必ず表に出るからです」

挨拶《あいさつ》がなかったり、廊下ですれ違うときに大勢で広がって歩いていたり、おかしな言葉づかいをしたりすると、指摘が飛んできます。訓練が行われるテクニカルセンターの廊下は、空港の廊下と同じ。休み時間も歩き方には注意しなければなりません。すれ違いざまに指導が入ることもあります。秋山さんは続けます。

「**いつ、どこで見られているかわからない。それがJALのブランドイメージを創っていく。そういうことをしっかり認識しておかないといけません。**それこそ、制服を着ていなくても、通勤途中でも注意をしないといけない。こういう指導も徹底して行っています」

実際の接客を想定しながら訓練をしていく

実際に、どのような訓練が行われているか、専任教官の話を紹介しましょう。空港オペレーション教育訓練部の福島真裕子さん。2004年に入社。グランドスタッフとして国内線を担当し、2014年から兼務教官に、そして2015年3月から専任教官になりました。

専任教官は、実際の訓練を担当するだけでなく、訓練全体の企画運営にも携《たずさ》わります。教育を進める上で必要なテキストを改訂したり、教育テキストの見直しをしたり、兼務教官のサポートを行ったりもします。

国内線担当の新入社員への約2週間の訓練の内容は、多岐にわたります。空港で働くとはどういうことか、という導入から、JALフィロソフィをベースにしたマインド面、さらには国内線担当としての必要な知識、端末操作方法などを学んでいきます。特徴は、机に座って一方的に教官が話すのではなく、実際の接客を想定しながら、訓練をしていくことです。

例えば端末操作も、接客を交えながらイメージを深めていきます。福島さんは語ります。

「お客さまが目の前にいることを想定して、お声がけから始めてみる。お客さまにどのような説明の仕方がわかりやすいか、後で全員で振り返ってみたりします」

わずか2週間の訓練。その緊張感を保つのも、教官の役割。最初に大前提を伝えるようにしていた、とは福島さん。

「これから始まる内容は、学習ではなく、訓練だ、ということを最初に伝えます。教わる意識ではなく、自分自身が学ぼうと思って、それを実際に身につけていかないといけない、ということです。受け身では身につかないですから。実際にお客さまの前に立つというのは、こういうことなんだ、ということをしっかりと理解してもらう必要があります」

だからこそ、訓練は極めて実践的です。立ち居振る舞いなどは「JALスタイルブック」をもとに学んでいきますが、見て理解することと、実際やることとは違うのです。だから、実際に練習をする。教官が、悪い例と良い例を両方とも見せて、どちらのほうが感じがいいか、見てもらったりするのです。

制服の着こなし方、お化粧の仕方、挨拶、表情、お辞儀、歩き方、座り方なども、ただ教わるのではなく、実践的な学びが意識されます。単にＪＡＬスタイルブックを見ておけばいい、ではない。だから、あれほどのレベルの統一美ができているのです。

「訓練生がペアになって、ものの受け渡しの練習をしたりもします。そうすることで、自分が気になることも見えてきます。制服の着こなしも、例えば襟《えり》を全部、立ててみると、お客さまから話しかけやすい印象になるかどうか、投げかけてみたり」

身だしなみも、初日にはピリッとしているといいます。しかし、訓練が進むにつれて疲れも出てきます。そこで毎朝、10分間ほどかけて身だしなみチェックが行われます。

それこそ、受けている教室を空港ロビーそのものだと思ってもらうようにしている、と福島さん。

「教室で机の脇に置く自分のバッグの置き方も、こういう置き方が空港でしてあったら、お客さまはどう思われるか。自分で考えて行動してください、と伝えます」

端末操作の訓練は2日目から。ロールプレイは3日目くらいからスタートします。

「航空券とは何か。予約を取るとはどういうことか、という基本的なところから、ロールプレイに入っていきます。教室で端末操作をしながら、チェックインのいろいろなケースを学んだりしつつ、モックアップで実際、お出迎えのところから練習しましょう、という時間を取っていきます」

教室での練習もありますが、本物そっくりのモックアップでの練習は、やはり緊張感が高まります。一連の接客をするためには何が必要になるか、机上で学んではいますが、**実践に近くなるため、訓練生は一生懸命、〝練習のための練習〟をしていきます。**

教官は訓練生の個性を見つけて伝えていく

ただ教えるのではなく、気づきを与え、考えてもらい、そこから行動に移せるような訓練を目指している、とは教官の福島さん。

実物のチェックインカウンターを使ってのロールプレイの練習をする際には、教官がお客さま役になって練習をする場面もあります。スピーディーに正しいチェックインができたとしても、なぜか感じが良くない、というケースもある。ところが、それは本人にはわからない。こうしたことは、実は少なくありません。

「一生懸命にしているつもりなんですが、そうは見えなかったり、知らず知らずのうちに、印象の良くない対応をしてしまったりする。お客さまとアイコンタクトをしない、お客さまが話し終わる前に話し始めてしまったり。そういうときも、教官がいろいろ工夫をして、例えば接客をビデオ撮りして自分で気づかせたり。もし、気づかない場合であれば、教官が同じような接客をして見せて、どんな印象を受けたか、聞いてみたりすることもあります」

一方で、人にはそれぞれ個性もある。それは大切にします。良いところを伸ばせるような接客を一緒に考えて、練習していくこともあります。

「もちろんいろいろなお客さまがいらっしゃいますが、お客さまにとってのおもてなしというのは、歓迎の気持ちなど、心の部分が伝わることだと思うんです。その表現方法は、それぞれの強みを活《い》かせる部分でもあります。ですから、その訓練生の良いところを伝えていきます」

中には、学生時代にアルバイトをしていたりして接客に自信を持っている訓練生もいます。しかし、グランドスタッフの接客は状況がさまざまなのです。

「急いでいるお客さまと、お話好きのお客さま、同じ接客でいいのかどうか。ひとつのやり方では通用しない、ということにも気づいてもらうようにしています」

ＪＡＬの目指すサービスは、通り一遍のマニュアル的なものではないからです。そして、訓練でも大きなポイントになってくるのが、ＪＡＬフィロソフィです。

「ＪＡＬフィロソフィ教育やＪＡＬのブランドなど心の部分については、しっかり伝えていく時間を取っています。大切なことは、目の前にいらっしゃるお客さまに何ができるか、人として何ができるか、ということです」

それを常に考えながら対応していくことが大切になると語ります。

「人として、というところの大切さを、教官はよく訓練生に伝えています。いろいろと判断に迷うときもあります。他の航空会社を利用されるお客さまもいらっしゃる。でも、困っているお客さまがいらっしゃれば、人として対応する。必要があれば、他の航空会社のカウンターへでも、ご案内する」

人として、というところは、まさしくＪＡＬフィロソフィに基づいた行動です。

訓練を行う上で、福島さんが心がけているのは、褒めるときは心から褒める、叱るときも褒めるときも存分な愛情を込めて接する、ということです。

「特に叱るときです。これは多くの教官がそうなんですが、叱ることは得意ではないんです。エネルギーが必要ですし、誰だって怖い存在に思われたり、嫌われたくない。

しかし、その訓練生の成長を考えると、今言わなければ、という場面は必ずあります。ですから、そのときには心で全力でぶつかって叱ります」

もうひとつは、教官の仕事を楽しむこと。笑顔でいることです。

「以前、なかなか笑顔が出せない訓練生が多いクラスを担当したことがありました。どうしてなのかと悩んでしまいました。化粧室の鏡でハッと気づいたのは、私自身、眉間《みけん》にしわが寄りっぱなしで、まったく笑顔が出ていなかったことです」

いわゆるミラー効果です。以来、**教官として訓練生の成長を楽しんで教育をするようにしているとのこと。そうでなければ、悩んでいることが訓練生に伝わってしまいます。**仕事を楽しんでいる姿勢が、笑顔を通して訓練生に伝わるからです。

教官が本気になれば訓練生も本気になる

もう一人、教育体系が新しくなったタイミングで教官になった黒崎雅美さんの話もご紹介しましょう。現在は羽田空港国際部室長も務めています。

１９９３年入社。成田空港の国際線でグランドスタッフを担当。２０１２年、教育体系が新しくなったところから5年間、教官に。現在は、羽田空港の国際線のグランドスタッフ200名を率いる立場にあります。

教官時代、強く意識していたのは、自分たちが本気になることだった、と語ります。

「これは今の現場でもそうですが、伝える立場にある者が、自分の声で、フェイストゥフェイスで、しっかり伝えていかないといけません。そして、相手を本気にさせるには、私たちが本気にならないといけません。常に本気で向かいますし、本気で付き合います」

ＪＡＬフィロソフィの教育も、これがなければうまくいかなかったと語ります。

「ＪＡＬフィロソフィが訓練内容に入ってきた当初は、正直、なかなか訓練生に伝わっていきにくかった。だんだんわかっていったのは、暗唱したり、書いたりしたところで、伝わっていくものではない、ということです。**教える私たちそのものが、まさにＪＡＬフィロソフィの体現者でなければいけない。**教官チームにいたときは、これを心がけていました」

自分がいかにＪＡＬグループを愛しているか。自分の置かれている立場に、心から感謝の気持ちを持っているか。そうした教官の姿勢そのもの、本気度が問われたのです。「人間として何が正しいかで判断する」「美しい心をもつ」、ＪＡＬフィロソフィにはこのような項目があるわけですが、自分で本当に信じられるかどうか。それができれば、本気になれる。本気で伝えようとするから、相手にも伝わる。

もともと新入社員は、何かしら航空業界やＪＡＬに興味を持って入ってきています。あとは、ＪＡＬが考えていること、目指していくもの、会社全体としてやりたいことがどれだけおとし込めるか、が大切になります。

わずか2週間ほどの訓練ですが、訓練生は大きく変わります。

「本当に不思議なんですが、変わるんです。驚くほどに。方向性をしっかり定めて、本気で向かっていけば、相手も本気になります」

本気でＪＡＬフィロソフィを理解する。ＪＡＬグループが好きになる。仕事に誇りが持てる。楽しくなる。こんな積み重ねができていく。ただ、そのためにも厳しい訓練が重要になります。

実際、ロールプレイの中でも、ＪＡＬフィロソフィを軸に厳しいコメントがなされます。

「その接客は人としてダメですよね、美しい心が全然ないですね、といった言葉は出てきますね。その言い方は、まったくお客さま視点ではない。尊い命をお預かりしているのだから、そんなことをしていたらダメですね……。こんなふうに、その都度、本気で伝えていきました」

もちろんマインドだけではサービスはできません。**知識や端末の操作などのスキルも問われてきますが、マインドが高まればスキルも必然的に高まっていきます。**

スキルの教育も変わりました。かつては、端末などの操作と接客は別々のプログラムになっていましたが、これは本来一緒にあるべきだ、と2012年の新教育体系に変えたとき、トータルで表現できるようなスキル教育体系になりました。

若い訓練生と数多く接してきた5年間。人に教える、ということで見えてきたことがあったと黒崎さんは語ります。

「マインドは理解できても、それを体現できない若い人が多い。SNSで文字だけで表現する世代。行動で表現することがなかなかうまくできないですね」

その意味で、モックアップという練習場所があることが大きな成果となったと語ります。表現の仕方を直接、学ぶことができるからです。

「もうひとつ、若い人の特徴で感じたのは、**自分でしっかり納得して、しかもトクすることがないと、なかなか自分の中に入っていかないということです。**これをやりましょう、ではなく、これをやればあなたは美しくなれますよ、恰好《かっこう》良くなれますよ、と自分自身が成長するために、必要なものだということを併《あわ》せて教えていくことが大切だと考えていました。逆に、自分にとってトクだとわかれば、みんな頑張るんです」

ＪＡＬの制服を着るということの重み

約2週間の訓練のクライマックスが、社内では「効果測定」と呼ばれている実技試験と筆記試験です。**驚かされるのは、効果測定に合格できないと、制服を着てグランドスタッフとしてのサービスができない、という厳しさです。**

訓練生が常に緊張感に満ちているのは、筆記試験はもちろん、実技試験も控《ひか》えているからです。試験会場になるのは、モックアップのチェックインカウンターがずらりと並んだ訓練の会場。ここで、審査をする教官を背に、5、6人が一斉に試験を受けます。お客さま役の教官を3人、接客するという想定でロールプレイを行うのです。

接客サービスはもちろんですが、接客5原則である身だしなみ、立ち居振る舞い、挨拶、表情、言葉づかいのすべてが厳しくチェックされます。基本的なチェックインができるか。人として、という対応ができるか。一人ひとり見極めていきます。

効果測定に不合格になると、制服も着られない、配属される職場に立てない、というルールになっているわけですが、実際、不合格者も出るそうです。ただし、挽回《ばんかい》のチャンスもあります。

それでも、緊張感はひとしお。だからこそ訓練生は、日々の学びを確実に自分のものにしていかなければなりません。それだけに自発的な取り組みがどんどん進むようになっていきます。専任教官の福島さんは語ります。

「朝、少し早く来て練習している訓練生もいれば、練習を見てください、と担当教官に声をかける訓練生もいます」

十数人のクラスの中でチームを作って、チームワークで乗り切ろうというケースもあります。一人で行っていても、なかなかうまくいくものではない。そこで、終わった後に集まって意見交換をしたり、反省会をしたり、ビデオで所作を撮り合ったり。一緒に力を合わせて、苦手なところを克服していこうとしたりするのです。

「待ちの姿勢、受け身的な若い人が多い、とはいろいろなところで耳にしますが、訓練を通して、自発的に主体性を持って行動ができるようになっていきます」

福島さんにはひとつ、印象深いエピソードがあります。実技試験のロールプレイで審査をする教官を務めたのですが、ある女性の訓練生を不合格にしたのです。

「ひと通りのチェックインは正しくできました。感じも悪くはなかった。でも、本気さが伝わらなかったんです。心の部分が物足りなかった。これでは、お客さまに気持ちが伝わらない、と感じました。とても迷ったのですが、彼女の今後を考えても、不合格と判断しました」

ただ、厳しい評価です。不合格にしたことに関して、自分自身で後から振り返って、本当に不合格で良かったのか、と思い悩んだといいます。

結果的に彼女は再試験を受け、合格を勝ち取りました。そして思わぬことが後日、起きました。福島さんは訓練の終了後に会うことができませんでしたが、彼女が手紙を寄越してくれたのです。そこには、不合格にしてくださって、ありがとうございました、と書かれていました。感謝の気持ちを綴った手紙でした。

不合格を出した社員から手紙をもらうのは、初めてだった、と福島さん。

「厳しい言葉だったけれど、ようやく気づけた。自分を振り返って、何が足りなかったのか気づいて臨《のぞ》んだところ、再試験は楽しくできた。結果、合格につながることができた、という内容でした。あぁ、心は伝わるんだという経験を、身をもってしました」

こういう経験が、教官としてのモチベーションの源泉につながっていると語ります。

「教える仕事なんですが、一方で学ぶことがとても多い仕事でもあります。訓練生が頑張る姿や成長していく姿もそうですし、伝えることの難しさ、自分自身に足りないこと。不合格にしたことにお礼を言ってくれた訓練生の美しい心……。私自身も成長できて、訓練生の成長する姿も見られる。これが今の大きなやりがいです」

良いところも悪いところもフィードバックする

最後の試験である効果測定は45分間ですが、実はトータルでは90分もの時間になります。残り45分で何が行われているのかというと、フィードバックです。実技試験は、終わった後には、「お客さまの視点」に立ち、「お客さまの気持ち」になって厳しく見られますが、「お客さまの立場」からさまざまな指摘が行われるのです。

何かが心に引っかかるときは、どこかで形に出ている、と福島さん。

「目線、一瞬のアイコンタクト、その長さ、話す声のトーンやちょっとした仕草……。それを具体的に見つけて、具体的に指摘をしないといけないと考えています。なんとなく言われても、受け入れてはもらえませんし、修正のしようがない。ですから、具体的に伝えるようにしています」

そうなると、教官には相当な観察力が求められます。ロールプレイを見ながら、どんどんメモを取っていきます。

「細かく見ています。一瞬をとても大切にしています」

それにしても、試験と同じくらいの時間をかけて、フィードバックをしていくというのです。こうしたフィードバックは、通常のカリキュラムのロールプレイの際にも行われています。

良かった点、注意する点を、かなり細かく指摘するのです。時にはビデオにも撮って、〝このときの表情どう思いますか〟〝こんなふうに目線を合わせなかっただけで、お客さまはこんな気持ちになりますよ〟といったことを、できる限り早い段階で伝えていきます。だから、自分で接客の問題点に気づくことができるのです。

「では、どんな対応であれば、お客さまに満足していただけるのか、自分なりに考えてもらいます。この考える習慣はそのまま、後の対応力を広げることにもつながっていくと考えています」

ただ通り一遍のマニュアル的なサービスは目指さない。その場その場で、自分で考え、自分で対応していく、**そんなサービスを実現させるためにも、細かく指摘し、自ら考えさせていくトレーニングが重要になるのです。**

フィードバックも細かいのですが、実はＪＡＬの新入社員の訓練では、教官が本当に細やかな働きをしています。例えば、教官たちの気持ちも合わせていきます。複数のクラスがあるわけですが、それぞれの教官はすべてのクラスの状況について情報共有をしていきます。心合わせ、意識合わせです。また、訓練生個人についても把握していきます。

「ちょっと厳し目のことを言うほうが彼女にとっては良いかもしれない。彼女はもっと褒めたほうが成長につながるのではないか……。そんな話を随時共有しています。こんなふうに意識を合わせていって、効果測定で審査をすることに対しても、公平性が保てるようにしています」

そして、個人個人に対してクラス担任の教官が見たこと、成長の軌跡などを個人報告書として記録し、配属先の上長に渡します。最初の頃はアイコンタクトがうまく取れなかったけれど、こんなふうに指導していくと良くなった。そういったことはすべてカルテのようにして残し、配属先の空港にフィードバックしていくのです。

そのために教官は、担当するクラスの十数人の訓練生について毎日少しずつ記録を書きためていきます。訓練生は、職場に配属になるとOJTでの実践訓練に移行します。ここで、さらなる成長のために個人報告書が活用されていきます。一人ひとりの特徴などが理解できているからです。

JALの新入社員育成は、ここまでやっているのです。

人づくりこそ、JALの新しいカルチャーづくり

訓練が終了すると、訓練生たちは各職場に向かいますが、その後、一度だけ、全員が集まる機会があります。それが、訓練終了から約6カ月後の「6カ月目のチェック」です。

「効果測定」の形こそ取りませんが、同じようにロールプレイをしたりして、良くなったところ、まだできていないところ、などの学びを得ます。最後は、今後の抱負をそれぞれが発表するそうです。福島さんは語ります。

「自分なりの目標を持って努力しているグランドスタッフというのは、目がキラキラ

としていて、一瞬で私たちもわかります。〝こんなことを始めてみました〟〝自分なりにこんな目標を立てて頑張っています〟など、とても楽しそうに語ってくれるケースは少なくありません」

一方で、6カ月目といえば、ちょうど疲れが出てしまう時期でもあります。だからこそ、この「6カ月目のチェック」が設けられているのです。

「悩み相談ではありませんが、〝お客さまとのコミュニケーションがうまくいかない〟〝こんなことに困っている〟といった声を聞くこともあります。こうした迷いは、やはり接客に現れてしまいます。それをフィードバックによって、担当教官からまた指導するようにします」

この後は、各空港でステップアップしていく中で、ブラッシュアップ教育が行われていきます。定期的に組まれているわけではなく、必要に応じて2年に1回、1年に1回など、教育を受けることになります。しかし、現行の体系を充実させていく計画もあります。前出の空港オペレーション教育訓練部部長、上原さんが語ります。

「各空港での教育研修についても、整えてきたのが、この5年間でした。現状では、職務ごとの教育は、各空港にお願いしていますが、今後、どのようなステップで各空港の教育体系を整備していくか、考えているところです」

　エアラインは、コールセンター、空港カウンター、搭乗ゲート、機内客室、到着ロビーなど、さまざまな仕事によって、素晴らしいサービスが申し送りされていきます。これは、ＪＡＬの目指すところでもあるわけですが、一方で難しさもあります。

　他が１００点をもらっていたとしても、一つでも気になるところがあったら、ゼロになってしまいかねない、ということです。もちろんグランドスタッフも努力しないといけませんが、満足度の高い評価を得ていくには、全体のレベルを押し上げなければいけないということです。

　上原さんはいいます。

「経営破綻するというのは、こういうことなんだ、と私たちは身に染《し》みて感じました。お客さまがいらっしゃるから私たちは成り立っている、ということです」

　ただ、空港部門では、今はもう破綻後に入社した社員が半分近くを占めます。今の環境が当たり前だと思っているスタッフが、出てきてもおかしくない。再上場して、売り上げも伸びて、危機感が薄れてくると、またいつか同じようなことが起きかねません。だから、引き締めないといけない、今の働ける環境は当たり前ではない、ということをしっかり教えていかないといけない、と上原さんは語ります。

「私の同期や先輩は、たくさん職場を去りました。そういう現実があったことをわかった上で、JALフィロソフィも理解しないといけない。いいサービスを心からしていかないといけない。それを実感として、どう伝えられるか。これが大事になると考えています」

今後は、いろいろな職場で他の部門が行っていることも理解しながら、領域横断的に質の高いサービスを目指していきたいと語ります。

「立ち止まったら後退です。維持していても、まわりが上がっていれば後退なのです。さらに上を、高い目標を目指し続けなければいけません」

人づくりに加えて、新しいJALのカルチャーづくりが、今、進んでいるのです。

第4章

グランドスタッフのサービスを、さらなる高みに

～サービスコンテストからバリュースコア評価まで～

盛り上がりを見せる「空港サービスのプロフェッショナルコンテスト」

新入社員の訓練に使われている羽田の教育施設「テクニカルセンター」のワンフロアが、年に2日だけ、違う用途に使われています。**「空港サービスのプロフェッショナルコンテスト」**。JALのグランドスタッフが、接客サービスを競うコンテストが行われるのです。

施設には、モックアップと呼ばれる、空港にあるのと同じチェックインカウンターがずらりと並んでいます。ここに世界中から選ばれた約60人のグランドスタッフが集まり、本番さながらのサービス競争が繰り広げられます。

出場者やコンテスト運営者、審査員、さらには各空港から応援に駆けつけるグランドスタッフ、取材で訪れたテレビや新聞、雑誌メディアなどが集まり、会場は熱気に包まれます。テレビのニュースや情報番組にも取り上げられるなど、社内のみならず、社外でも大きな話題になっているコンテストです。

コンテストがスタートしたのは、グランドスタッフの新しい教育体系がスタートした2012年でした。2016年のコンテストの運営に携《たずさ》わった空港企画部旅客グループの村山千絵さんは語ります。

「かつては大きな空港でアナウンスだけのコンテストが行われていましたが、こうした全国的なものは、２０１２年が最初でした」

以後、毎年行われ、第５回となった２０１６年は11月に実施。第６回は、２０１８年１月の開催が予定されています。

「回を重ねるごとに、どんどん大きな盛り上がりになっている印象があります。各空港でのコンテストに対するモチベーション、やる気や気合いは非常に高いですね」

２０１６年度にコンテストに参加したのは、国内40空港、海外37空港。ここでグランドスタッフが約５３００人働いていますが、コンテストに出場できたのは、地区や空港から選《え》り抜かれた精鋭。２０１６年だと、わずか59名だけです。

海外は地区ごとに２～５名。国内は空港の規模によって１～４名。空港によっては、コンテスト出場者を選ぶための予選が行われているところもあります。

自薦、他薦、上司からの薦めなど、選抜スタイルはいろいろのようですが、いずれにしても簡単に出られるコンテストではありません。約５３００人のうち、たった59名だけなのです。それだけに、ハイレベルの熱い戦いになります。

コンテストは2日間で行われ、1日目が予選、2日目が本選となります。2016年は、59名の出場者のうち、12人が本選に進みました。

競われるのは、「アナウンス審査」と「接客ロールプレイ審査」の2本柱。搭乗ゲートでのアナウンス技術が1分半から2分程度。チェックインカウンターでのロールプレイが5分程度。ロールプレイでは、社員が「お客さま役」となり、実際に列に並んだり、要望を伝えていくなど、グランドスタッフの対応力が見られます。

予選では、ずらりと並んだチェックインカウンター6つを一斉に使い、同時進行で審査が行われます。審査員を務《つと》める教官がそれぞれのカウンターにいて、審査を進めていきます。

「挨拶《あいさつ》、身だしなみ、言葉づかい、立ち居振る舞い、表情の接客5原則に加え、業務スキルが評価されます。例えば、**危険物に関する知識を正しくご案内できるかどうかといった知識面。そして、お客さまの気持ちを汲み取った行動ができるか、というヒューマンサービス面です**」

教官の目線、いわばJALの目線で評価されるのが、予選ですが、本選ではまた変わります。社外からも審査員が加わり、さらにJALの役員数人が審査をするのです。

2016年は、アメリカン航空、オリエンタルランド、帝国ホテルから3名が招かれました。

JALのサービスや教育が自己満足にならないよう、社外からも審査員を招き、世の中ではどういったサービスが求められているのかを確認したい、とのこと。

「本選では、予選のような細かなところではなく、もう一度、このグランドスタッフと接してみたいか、あるいはJALを利用してみたいか。さらには、他の方に勧めてみたいか、といった項目を中心に採点していただいています」

出場までに懸命の努力をしてきたからこその涙

コンテストがスタートするのが、朝9時。ひとつの山場が、1日目が終わる夕刻、予選が終わり、本選出場者が発表される瞬間です。

このコンテストに出場するだけでも大変なことなのですが、その中から翌日の本選に出場できるのは十数名だけ。まさに激戦です。

そしてその本選を目指して、実は出場者は1カ月、2カ月と準備をしていきます。

出場者が各空港で選ばれると、各空港にいる教官メンバーらによる「特訓」が始まるのです。出場者は、空港の代表。威信を賭けての出場です。空港スタッフ全員の期待を一身に背負って、コンテストに出場するのです。

教官らによる各空港での特訓は、厳しいものになります。コンテストのためだけに、ロールプレイが行われることも珍しいことではありません。**それなりの経験を積んだグランドスタッフが、さらに厳しい指摘に耐え抜かなければいけない、ということです。**

中には遅くまで残り、懸命に「練習」をしているグランドスタッフも少なくありません。そんな必死の努力を、周囲の仲間たちもよく見ているのです。

コンテスト会場となっているテクニカルセンターのフロアには、そうやって頑張ってきた出場者の応援に、全国の空港から同僚や仲間たち、さらには上司や指導教官が応援に駆けつけます。だからこそ、多くの人が集まり、会場は熱気に包まれるのです。こうした中、1日目の予選が終了した後、本選出場者の発表が行われます。出場者の当人だけではない。まわりで応援しているグランドスタッフたちにとっても、ドキドキの瞬間です。

実際、名前が呼ばれた直後は、応援者の大きな声や叫び声が場内に響き渡り、本選出場を果たしたグランドスタッフが、涙、涙となることも少なくありません。応援者たちも、日頃の頑張りをよく見ているからこそ、感極まってしまうのです。出場したグランドスタッフは、必死に、懸命に、この日のために取り組んできたのですから。

そして翌日の本選は、前日とは異なり、十数名の出場者が一人ずつ、そのスキルを披露することになります。アナウンスが約3分。ロールプレイが7、8分。2016年のコンテストでは、12名が本選に出場して、接客サービスを披露しました。

予選の出場者は全員が、本選を見ることが義務づけられています。レベルの高い接客サービスを社内で共有して、ぜひ各空港に持ち帰ってほしい、と考えているからです。

実際、本選は大変な高いレベルでの争いになります。しかも、多くの視線を一身に浴びて、アナウンスやロールプレイをしなければなりません。ただ、やはり本選出場者には驚かされた、と村山さんは語ります。

「サービスのレベルは本当に素晴らしい、と思いました。引き出しがとても広い。お客さま一人ひとりに対して、まったく違う言葉をかけたりしています。**ありきたりな言葉に終わらない。プラスアルファの一言をかけられるよう、お客さまをよく見まし**

ょう、興味を持ちましょう、とは言われていますが、そうした意識が体現されていると思いました。しかもそれがとても自然で、素晴らしいと感じました」

2016年は英語を使ったロールプレイも多かったそうですが、英語の得手不得手は、それほど気にならなかったといいます。

「得意でない方も得意でないなりにジェスチャーを使ったりして伝えようという気持ちが伝わってきました。つたなくても、お客さまに理解していただきたいという気持ちを持って接することが、とても大切だと感じました。こんなグランドスタッフが増えたら、本当に素敵だと思いました」

そして、最後のクライマックスが本選優勝者の発表です。これがまた、大変な盛り上がりになるのは、言うまでもありません。

「私は初めて運営に携わりましたが、本当にドラマチックでした。最初はいい運営ができるのか不安でしたが、空港スタッフのモチベーションの高さであったり、一緒にコンテストを作る教官のメンバーへの思いだったり、とても大きな刺激を受けました。終わったときには、私も感動して涙がこぼれてしまうほどでした。本当に、やりがいのある仕事でした」

コンテストで5300人の頂点に立った2人の声

「空港サービスのプロフェッショナルコンテスト」の本選出場者には、サービスアドバイザーの肩書きがつきます。各空港でサービスや品質を向上させる役割です。そして、アルメリアの花を模した形のバッジを着けることができるようになります。アルメリアの花言葉は「おもてなし」です。

一度、本選に出場すれば、ずっとバッジを着けることができるそうです。教官経験者も同じバッジを着けたサービスアドバイザーを名乗ることができ、JALには世界で約100名のサービスアドバイザーがいます。

コンテストの意義について、村山さんはこう語ります。

「日頃のヒューマンサービスの成果を互いに競い合うことで、自分の接客サービスを見直すきっかけになります。また、普段は見ることのできない他空港のスタッフの良いサービスを知ることができます。出場者が自分の空港に持ち帰り、どんどん良いサービスをJALの中で広げていくことができる。その点で、ヒューマンサービス向上に、とても強い影響を与えられていると思います」

そして出場者たちの本当の熱い姿を垣間見て、JALという会社をもっと良くしたい、JALという会社が大好きだ、という強い気持ちを持つスタッフの多さも実感できます。

この2016年のコンテストで見事、優勝したのが、羽田空港の町野玲奈さんでした。町野さんの本選でのアナウンスは、テレビの情報番組にも取り上げられました。町野さんは語ります。

「アナウンスは事前に、JALブランドを感じさせる空港でのアナウンス、という課題が与えられていました。どんなものにしようか、と悩みました」

そもそもアナウンスというのは、タイムリーに情報を伝えることが目的。ただ、その瞬間そのものを印象づけられないか、と考えたといいます。

「その日の情報を調べたところ、ちょうどスーパームーンがきれいに見える日でした。飛行機に乗る方だけではなく、お見送りをされる方も身近に感じていただける話ができたらいいな、JALらしいな、と思いました。それで、飛行機に乗るお客さまは機内から、お見送りの方も空を見上げてみてはいかがでしょうか、と伝えました」

その日のトピックス、しかも空に関わるニュースを使ったアナウンスは、強く印象に残り、高い評価を得ました。

「ロールプレイは基礎知識が問われていたと思いますが、お客さま役のお一人が、ハンカチで汗をぬぐって走ってこられたビジネスマンの方でした。**最初に、ちょっと寄り添った言葉を口にできたことが良かったのではないかと思います。改めて思うことは、知識の大切さです。知識が伴っていないと、やはりお客さまに自信を持ってお伝えできない。それが自分の不安になってしまったりしますので**」

もう一人、2015年のコンテストの優勝者が、福岡空港の田島由佳里さんです。

「いま一度、サービスのプロフェッショナルであるということを思い返させてくれる場所でした。**自分がどんな思いでサービスをしているか、それぞれの出場者のコメントを聞いていると心に響くものがありました。**1年に1度、こうした場所があるということは大きな意味があると思いますし、若いスタッフの目標になっていると感じています」

優勝したときには、やはり涙、涙だったとか。

「見に来てくれていた仲間たちや、ずっと私を育ててくれた教官たちが涙を流していて。優勝の瞬間をみんなで共有できたことが、何よりうれしかった」

本選のときには、不思議な感覚になったのだそうです。

「観客の方たちは一切見えなくて、普通のカウンターに思えたんです。いつもの光景でした。ですから、普段通りにできたことが、良かったのだと思います。たくさんの練習をしていたおかげで、普段通りを出せたのだと思います」

町野さんもそうですが、田島さんも地元のテレビに取り上げられたり、航空関連の雑誌の取材を受けるなど、とても有名になっています。優勝者は報道されるので、中には、わざわざ2人を探してくる乗客もいるとか。田島さんは語ります。

「優勝したことでプレッシャーもありますが、それをプレッシャーと思っていたら、本当は楽しかったはずの接客が変わってしまう気がするので、いつも通り仕事を楽しもうと考えています」

最優秀空港を競う「エアポート・オブ・ザ・イヤー」

お互い切磋《せっさ》琢磨《たくま》して、自分たちのサービスに磨きをかけていくことによって、全空港のサービスレベルが上がっていく……。そんなグランドスタッフによる「空港サービスのプロフェッショナルコンテスト」は、今や全国のグランドスタッフの目標になっています。

また、テレビや雑誌等で取り上げられていることもあり、「いつかコンテストに出たい」というのが入社動機になって、グランドスタッフの採用試験を受けに来る学生も少なくありません。

コンテストが生まれたのは、2010年の経営破綻後ですが、グランドスタッフが仕事に向き合うにあたり、大きくモチベーションを高められる、破綻後に生まれた取り組みは、このコンテストに限りません。

例えば、各空港でさまざまな表彰が行われています。前出の羽田空港国際部室長で教官の黒崎雅美さんは語ります。

「良いサービスをしたスタッフへの表彰。JALカードの会員をたくさん獲得したスタッフへの表彰。あるいは、何かテーマを決めた中での表彰だったり、部長表彰の対象にエントリーしたり。こういうことが、いろいろな拠点やセクションで行われています」

黒崎さんは2012年から5年間教官を務めたのち、2017年に現場に戻ってきて驚いたといいます。

「すっかり変わっていたからです。いろいろなことに、グランドスタッフのみんなが意欲的になりました。それこそ、一人ひとりがセールスパーソン、という意識があります。JALフィロソフィの『一人ひとりがJAL』は、増収を頑張る、という点でも浸透しています」

表彰といえば、ちょうど取材を推《お》し進めている時期、表彰式が行われていたのが、2016年度の**「エアポート・オブ・ザ・イヤー」**でした。こちらも2012年にスタートし、第5回でした。

国内48空港、海外37空港で、「安全」「定時性」「増収」などの項目で、その年の最優秀空港を競う、というものです。部門別の表彰も行われており、表彰式には対象となる空港関係者が、世界から約80名、JAL本社に集まっていました。

表彰式の会場には、300ほどの席が用意されていましたが、関係者やメディアの記者などでぎっしり。レッドカーペットが敷かれ、晴れの舞台が演出されていました。部門表彰ごとに、各空港の代表者数名が壇上に上がっていきます。

サービスについても表彰項目に加えられていますから、もちろんグランドスタッフも、この表彰に大きな影響を及ぼします。そして空港としてのパフォーマンスを上げるべく、これもまた大きなモチベーションになっています。

2016年の最優秀空港は、マニラ空港。2015年は徳島空港。2014年は、北京空港でした。

接客を数値にして、具体的に評価する

表彰のようなものばかりではありません。いいサービスができ、例えば感謝の手紙が届いた。かつては、ひとつの空港内だけでとどまっていた、そうした「うれしい話」は、今は個人情報を含まない形で全社に共有されています。

社内のウェブサイトで紹介され、世界中のグランドスタッフがそれを見ることができるようになっているのです。

これは、各空港でのグッドサービス事例を共有、組織を活性化する仕組みとして設定され、「グッドサービスマイル」として、「エアポート・オブ・ザ・イヤー」の表彰項目にも入っています。

いいサービスを投稿することができれば、投稿マイルがカウントされ、それがどのくらい閲覧されたか、閲覧マイルを足した累積値を出していくのです。これが、「グ

ッドサービスマイル」です。

いいサービスを提供できれば、高く評価されるだけでなく、全社で共有され、これがまた栄誉になる、という仕組みです。

そしてもうひとつ、サービスの力を数値にして評価していく、という取り組みも5年前から始まりました。「デイリーバリュースコア」です。これもまた「エアポート・オブ・ザ・イヤー」の表彰項目になっています。前出の羽田空港、黒崎さんが語ります。

「どれだけ会社に貢献できているか、ということが、数値として見えるようになったのが、破綻後に大きく変わった点だと感じています。**接客は数値化するのが難しいのですが、例えばお客さまから良いお声をいただいた件数がこれだけ上がりました、ということを数値にしたりして、できるだけ目に見える形にしています**」

数値ではっきり見えるからこそ、もっと頑張っていこう、という気持ちにもつながっていくのだ、といいます。

単にサービスを頑張ろう、いいサービスをしよう、というだけでなく、それがきちんと評価される仕組みが作られているのです。

ロゴマーク「鶴丸」復活に込めたＪＡＬの思い

　こうした、さまざまな情報や数値は、経営陣とも共有されます。そして、経営としての新しい取り組みに活《い》かされていくのです。空港企画部部長、宍倉幸雄《ししくらゆきお》さんはこう語ります。

「いろいろな情報をもとに、ヒューマンで変えなければいけないところ、ツールで変えなければいけないところ、施設で変えなければいけないところ、というのが見えてきます。それをしっかりと拾い上げて、各空港の責任者が変えていく。変えていくために必要なサポートを、私たち本社サイドでする、ということが、ひとつのスキームになっています」

　一方で、役員自らが、空港を巡ることも少なくないそうです。しかも、空港担当以外の役員も、積極的に行く。そして空港で新入社員をはじめとする若手スタッフとコミュニケーションを交わすこともあるといいます。

「直接聞いたことも、自分たちで気づくことも、スピード&チャレンジで次につなげて取り組むことを意識しています。さまざまな情報と、自分たちの気づきとの両方で、

みんなの思いを形にしていく。自主的に変わっていく。早く変わっていくということが、やはり大切だと考えています」

経営破綻前には、現場の声がなかなか届いていない、ということも正直あった、経営的にも余裕がなかった、と語るのは前出の執行役員で空港本部長の阿部孝博さんです。

「私も2年半ほどで100近い空港を回ってスタッフと車座で話をしてきました。こういうところが本社が遅い、という指摘をもらったりもしました。現場のスタッフが何を考えているのか、現場がどんな状況にあるのか、しっかり認識して仕事をしていくことを強く意識しています」

目指しているのは、JALらしいサービスです。

「私たちは日本の航空会社。日本航空という鶴のマークの航空会社に期待されることは、日本らしいサービスで『乗って良かった』と思われることだと思っています。お客さまはもちろん仲間も思いやる気持ちだったり、誠実な姿勢であったり、一生懸命さであったり。それら全てが日本らしさです」

　エアラインは、同じような飛行機やシートを導入して運航していますが、お客さまにサービスを提供する、ヒューマンに対する捉《とら》え方が、各社の特徴を出している、と語るのは、前出の空港企画部部長、宍倉さんです。

「ＪＡＬは、日本が成長し、世界を開拓していく成長期において、日本の空、世界の空を一緒に開拓し、一緒に支え合ってきたというルーツを持っています。日本の良さに培《つちか》われた伝統や繊細さ、思いやり、また日々前進していくチャレンジの精神のようなものが、私たちのＤＮＡには創業時からあったのだと思います」

　ＪＡＬは創業以来、日の丸と鶴をモチーフに「鶴丸」をシンボルマークにしてきました。経営破綻が起きた後、もう一度原点に戻る、という意味で新しい鶴のマークを採用しました。

「日本の成長とともに、日本の伝統に培われたものを大切にしてきた。そこが、私たちの特異な点、ＪＡＬらしさだと思っています。**気づかったり、思いやったりすることが原点にあり、それが行動を変えていくわけです。心配りは共に喜びになって、さらにサービスが向上していく。このスパイラルが強く回っていくことが、ＪＡＬらしさにつながり、ＪＡＬの強みになっていく。**そのように考えています」

　一方、空港本部長の阿部さんは三十数年前に先輩から聞いた、あるフライトの話が、今も忘れられないといいます。

「ブラジルから日本に向かう便で、現地在住のご年配の女性のお客さまがいらっしゃいました。鶴のマークをつけた日本航空の飛行機に乗ることで、いかに自分が安心できるか、この鶴のマークで日本に帰れることがいかにうれしいか、とおっしゃって」

日本までまだ7時間もかかるアラスカ上空で、この女性は正座を始めたのです。

「もうすぐ日本が見える。日本が近づくんだ、と。まだ7時間あるといっても、自分の人生を考えればわずかな時間。だから、正座するのは、なんでもない。それよりも、気持ちを込めて日本を迎えたいのだ、と。こういう思いに応《こた》えられるような航空会社でなければいけない。改めて、そう思っています。鶴のブランドに支えられてきて、〝鶴に恩返し〟をしないといけない、と」

今はようやくJALらしいサービスができてきている、という実感があるといいます。「お褒《ほ》めの言葉」が、経営陣のもとにもたくさん寄せられているからです。阿部さんはこう語ります。

「JALという日本の航空会社があることを、もう一度、世界にしっかり認知させていきたい。そのためにも、もっともっと一歩先の価値を追求していく必要があります。

全スタッフが心を合わせて、常に成長を目指していきたい」

ＪＡＬに乗って良かった、ＪＡＬのチケットを買って価値があった、と思ってもらえるようにしないといけない。さらには、選ばれるエアラインにならなければいけない、と。

第5章

グランドスタッフに聞く、思いと個性を活かしたサービス

~現役グランドスタッフたちの忘れられないエピソード~

「もし、自分がお客さまだったら？」を念頭にサービス

最終章では、今回いろいろな話を聞かせてもらったＪＡＬのグランドスタッフたちがどのようなきっかけで、この仕事をしようと思ったのか。そしてどんな接客を目指し、これまでの仕事で何を学び、どのように成長できたのかを、実際にあったエピソードを交えながら紹介していきたいと思います。

羽田空港の陣野はるかさんは、２０１４年入社。入社３年目ながら、２０１６年の空港サービスのプロフェッショナルコンテストで予選を突破、本選に出場しています。

「学生時代にアルバイトで接客業をしていて、お客さまとお話しするのが、とても楽しいと思ったんです。この気持ちを社会人になっても持ち続けて、幸せな人生を築きたいと改めて思ったことが、グランドスタッフを選んだ理由です。もうひとつは、旅行が好きだったことです」

アルバイト先は、テーマパークでした。接客はそれなりに学んだといいますが、言葉づかいや立ち居振る舞いは、入社後の訓練で厳しく指摘されたといいます。そして、

配属後に驚くことになります。

「先輩方のレベルが、訓練で習ったはるか上だったからです。ふとした瞬間の立ち居振る舞いが美しく、シャキッとしていて。もっと頑張らなければ、と思いました」

新人時代は、まだ身についていない知識について対応を求められたりしたところが、難しかったと語ります。

「新しいことばかりでしたが、もし自分がお客さまだったら、こんなふうなお声がけであればうれしいのではないか、という気持ちを大切にしたいと思っていました」

とにかく自分が楽しいと思えるような仕事をしよう、と心がけてきたそうです。

「先輩方もとても楽しそうにお仕事をしていたので、自分もあんなふうにしよう、プラスアルファのお声がけができるようになれれば、と」

チェックインカウンターでは、1日の接客は100人以上になるそうです。

「私は特に、楽しいとか、うれしい、という気持ちを大切にしていますので、他のスタッフとは違ったお声がけをしたいと考えています」

お勧めのお土産について話をしたり、ときには少し冗談めいた話で和《なご》んでもらうこともあるとか。

「飛行機には、アルファベットの〝I〟の座席がないんです。数字の1と勘違いしやすいからなんですが、ある時ご夫婦のお客さまから〝HとJの席は隣ですか〟とのおたずねがあって。とっさに思い浮かんだのが、夫婦の間には愛があるんですが、飛行機にはIはないんです、という言葉でした（笑）。後で同僚に話したら、本当にそんなことを言ったの？と驚かれたんですが」

もちろん、その場の状況によりますが、楽しんでほしい、喜んでほしい、とはいつも考えていることだそうです。

「少しでも思い出に残していただけたら、と思っています。旅行は観光したり、おいしい食事をすることも思い出ですが、**出会った人も思い出だと思うんです。一瞬でもお会いできたのは、やはり運命だと思うので、少しでも記憶に残るようなサービスをしたい、**と考えています」

記憶に残っているシーンがあるそうです。入社3カ月目のとき、手続きに不備を出してしまいました。

「先輩が気づいて、すぐに私の代わりに対応したのですが、本来であれば、スムーズに行くはずの手続きがいかなくなってしまいました。私も搭乗ゲートまでお客さまに謝《あやま》りに行きましたが、私の胸にあった実習生のバッジに気づいていらっしゃって」

謝罪の場でいろいろな話をしてくださったそうです。

「〝まだ実習生ですよね。気にしていませんよ〟と。〝それより、陣野さんがいつか成長して、フェイスブックのJALのページに載るのを楽しみにしていますよ〟と言ってくださって。私自身、そのページをよく見ていて憧れていたので、思わず涙があふれてきて。ご迷惑をおかけしたにもかかわらず、そんな応援の声までくださって」

コンテストに出場したとき、もしかしたら少しでも恩返しができたかもしれない、と思ったそうです。

「1年目にはできなかったことが、だんだんできるようになり、いろいろなことがわかるようになりました。**お客さまに対しては、提供することがすべてだと思っていましたが、引くということも大事、**と思えるようになったのも、そのひとつです。これから、もっともっとたくさんのことを学んでいければ、と思っています」

「グランドスタッフは、やはり空港の顔」というプライドを持って

羽田空港で国際線のグランドスタッフをしている町野玲奈さんは、先にも紹介した

通り、2016年の「空港サービスのプロフェッショナルコンテスト」の優勝者。2007年の入社です。

「大学が外国語学部で外国に興味があったこと。卒業生に同じような業界に進まれた方がいて、学校に話をしに来てくださったりする中で、この仕事の存在を知ったことがきっかけです。就職を考える時期になったとき、日本に居ながらにして外国に精通しているグランドスタッフって、素敵な仕事だな、と思ったんです」

大学3年のときに海外に留学。そのときにチェックインカウンターや搭乗ゲートで、制服を恰好《かっこう》良く着こなし、英語も話しているスタッフを見て、憧れの気持ちを持ったそうです。

「キラキラと輝いて仕事をされているな、と思いました」

入社して心がけてきたのは、「お客さまのペースにあわせて対応する」ということ。

「限られた時間の中で、確認しなければいけないことがたくさんあったりするのですが、このときにこちらのペースで自分本位になってしまいがちです。これでは全くお客さまに寄り添っていないと感じたことがありました。そうではなくて、**お客さまのペースを見て、心地良い空間、心地良いタイミングというのが、大事になるんだ、**と」

例えば、パスポートとチケットの控《ひか》えを見せてもらうときでも、何が求められているか、ヒントはあるといいます。

「後でお返しするときに、どのようにお返しするか。例えば買い物のとき、レジでレシートとカードをまとめて返されるよりも、ひとつずつ返されたほうがいい場合があります。こういうことを、カウンターにいらっしゃったときのお客さまの動きだったり、表情でつかんでいく。いつからか、そんなふうに自分が考えられるようになりました。タイミングって大事なんだ、一人よがりな接客をしてはいけない、と」

チェックインカウンターで仕事をしていても、時には情報共有のために搭乗ゲートまで走ることもあるのだそうです。

「お客さまのＪＡＬへの期待はとても大きいと思っています。**たくさんの航空会社がある中で、ＪＡＬを選んでいただいているのは、なにかしらの理由があるはず。そしてお選びいただいたからには、ＪＡＬに乗って良かったと思っていただきたい**」

そしてもうひとつのモチベーションは、この仕事の難しさです。

「ちょっと足を引きずっていらっしゃったお客さまに、車椅子をお持ちしましょうか、とお声がけすると、〝いや、僕は歩きたいんだ〟と言われたこともあります。良かれと思って言葉にしたことが、お客さまにとっては必ずしもそうではなかった、ということがあります。日々、積み重ねです」

一方で、うれしいこともまた成長につながると語ります。

「お褒《ほ》めの言葉をいただいたり、感謝の言葉をいただくことは、うれしいですね」

時には手紙をもらうこともあるのだそうです。

「古いパスポートを空港に持ってきてしまった、というお客さまに、ご対応させていただいたのですが、パスポートに気づいたときに、とても大切なご旅行だったんですね、というお話をしたら、そうです、とおっしゃって」

町野さんは、できる限りのことをして差し上げたい、と考えて手を尽くしたそうです。

「名札を見ていただけたのだと思います。名前を覚えてくださっていて。後で、〝いろいろな人に引き継ぎをしてくれたおかげで旅行に行くことができた、ありがとう〟とお手紙をいただきました」

グランドスタッフの仕事は、やはり空港の顔だ、と語ります。

「機械もあるわけですが、人を介しているからこそ、できることもある。温かみを感じていただけたり、おもてなしの心を伝えることができたり、ＪＡＬブランドを感じてもらえたり。**たとえわずかでも、そんな時間を経て、搭乗ゲート、機内へと進んでいただけたら、といつも考えています。その意味で、やはり空港の大事な顔だと思っています」**

「心に余裕が持てたとき、お客さまと一緒に楽しんでいる感覚を持てる」

羽田空港の水野志保さんも、2016年の「空港サービスのプロフェッショナルコンテスト」の本選出場者です。2012年の入社ですが、前職は2年半、大手鉄道会社のホテル部門で働いていました。

「もともとJALが好きで、英語も好きでした。留学もして英語力もアップさせて、JALでインターンシップも経験して、私はここで働くのだと思っていたのですが、経営破綻で採用が中断してしまいまして」

しかし、諦《あきら》めきれなかったといいます。ホテルで働いて3年目、募集を知り、経営破綻後、初の正社員募集で採用が決まりました。

「グランドスタッフは、華やかなイメージというよりは、時間との勝負というイメージでした。接客というよりも、定時性。航空業界というとパイロットや客室乗務員が思い浮かびますから、裏方の仕事、という印象でした」

しかし、入ってみて印象が変わったと言います。

「接客以外の仕事も含めて思っていたよりも、いろいろな仕事がある、ということ。たくさんの知識が必要となります。また、初めて海外に行く方もいらっしゃれば、旅慣れている方もいらっしゃる。いろいろな質問を受けますし、ＪＡＬという会社以外のことも知っていなければいけない。業務の幅の広さに驚きました」

それだけ、いろいろなキャリアプランもある、ということです。

「一番驚いたのは、ＪＡＬ以外の航空会社のチェックインも担《にな》うことです。私は今、中東とヨーロッパの航空会社を担当しています」

グランドスタッフの仕事で心がけているのは、ＪＡＬを選んで良かった、と思ってもらえるような接客をすること、と水野さん。印象深いサービスを覚えていると語ります。

「『キッズおでかけサポート』というサービスがありまして、小学校3年生くらいの男のお子さまがサンフランシスコのお母さまのお友だちのところに行かれる、ということでした」

子どもはたいてい飛行機が大好き。旅慣れている雰囲気もあったので、案内はいらない、と言われるのかと思いきや……。

「ねえねえお姉さん、と話しかけられまして。僕の夢は何か知っている？　と。パイロットかな、と思ったらハズレ。最後に教えてくれたのは、航空整備士だったんです。この年齢で航空整備士に興味を持つとは、ちょっと驚きでした」

水野さん、**出発までの時間にひらめきます。なんとかＪＡＬの航空整備士に会わせてあげられないか、と考えたのです。**

「上司に相談し、航空整備士のセクションに連絡を入れて事情を話すと、時間が作れるとのこと。そして、搭乗橋の入り口でグレーと赤の制服に身を包んだ航空整備士とお引き合わせしたんです。とても緊張されていましたが、憧れの職業の人に会わせることができた。少しは心に残ったサービスができたかな、将来はＪＡＬの航空整備士を目指してくれたらと思いました」

少しでも印象に残るサービスのためにも、会話をできるだけするように意識しているそうです。

「お帰りの日にちがわかれば、また羽田でお待ちしております、とお声がけしたり、よく海外にお出かけになるお客さまには、次の旅程のときにまたお話をお聞かせください、とお伝えしたり。パスポートを拝見すると、いままで見たことがない国名のスタンプが押されていたりすると、驚いてお声がけしますね」

パッションを大切にしている、と水野さん。やはりＪＡＬを好きになってほしい、と語ります。

「50年前に国際結婚されたとき、ＪＡＬで海を渡った、と語っておられたご年配の女性がいらっしゃいました。それからずっとＪＡＬしか使わないの、と。鶴丸を見ると安心する、丁寧《ていねい》に接客してもらえる、ＪＡＬが大好き……。こんな話をしていただけたのが、早朝の4時半頃。もう眠気も吹き飛ぶくらいに感動してしまいました」

外国からお礼の手紙をもらったこともあるそうです。

「日本で借りたＷｉ－Ｆｉの返却をお忘れになってしまわれた香港在住のお客さまでした。返却ポストは出国ゲートを出るとありません。私は搭乗ゲートの担当だったのですが、上長や税関、Ｗｉ－Ｆｉ会社にも連絡を取り、大丈夫ということでしたので、代わりに返却しました。これに喜んでくださって、お手紙をいただいたんです」

大切な家族旅行だったそうで、「最後まで気持ち良く楽しめた、素晴らしい日本への旅行だった」と手紙に書かれていたそうです。

「気持ち良くお送りできたり、お出迎えできたりすると、やはり楽しいです。もちろん、たくさん勉強が必要ですが、心に余裕が持てたとき、お客さまと一緒に楽しんでいる感覚を持つことができました」

ありがとう、の一言がやはりうれしい、と水野さん。

「日本のお客さまは、なかなか口に出されたりしない印象があります。だからこそ、おっしゃっていただけたときには、本当に気持ちがいい接客ができたのかな、と思います」

「お客さまが100人いらっしゃったら、100通りの接客がある」

福岡空港の田島由佳里さんは、先にもご紹介した、2015年の「空港サービスのプロフェッショナルコンテスト」の優勝者。2009年の入社です。

「空港が旅の始まりであること、空港で働いている人に素敵な方が多い、というところから、グランドスタッフが憧れに変わっていきました。また、就職活動で先輩にお話をうかがって、エアラインについて勉強する中で、仕事内容が日々変わったり、いろいろな経験が毎日できたりして、人として成長できる場所なのではないか、と感じました」

グランドスタッフの勤務体系は、4勤2休がベース。チェックインカウンターに入ったり、搭乗ゲートに入ったり、ラウンジに入ったり、とローテーションしていきます。

「就職活動のときは、客室乗務員についても学びましたが、客室乗務員はどちらかというと、専門職のようなイメージでした。グランドスタッフは、いろいろな自分を、いろいろなところで役立てることができるのではないか、と感じました。そうなれば、きっと視野も広くなるだろう、と」

「空港サービスのプロフェッショナルコンテスト」に出場したのは、入社7年目のとき。約400人のグランドスタッフがいる福岡空港からは、わずか2人だけの出場でした。普段、どんなことを心がけて、サービスを担っていたのでしょうか。

「私は心が大切だと思っています。忙しいときや余裕がないときは、どうしても自分に心が向いてしまいます。お客さまに向いていかないんですね。ですから、できるだけ自分に心が向かないように、ということを心がけてきました」

コンテストで優勝したとき、後に地元のテレビ局やエアラインの専門誌の取材を受けて、これを「心を尽くす」と表現したと語ります。

「なかなか難しいことで、いつもいつもできないからこそ、意識をしなければいけないと思っているんです」

　どうして、こんな思いに至ることができるのでしょうか。

「この仕事が自分に合っているかどうか、はっきりわからなくてスタートしましたが、業務を始めてみると、自分にとても合っていると感じ、楽しいと思えました。いろいろな業務ができて、すべてが経験になって、人間関係に活《い》かされたり、会社の人財育成の役に立つこともできます。でも、こういう思いを持つことができたのは、ＪＡＬフィロソフィが大きいと思いますね。たくさんの先輩方に育ててもらったことも合わせて、私はＪＡＬが大好きです」

　うれしいのは、やはり多くの人に喜んでもらえることだ、と田島さん。こんなことがあったそうです。

「ＪＡＬが新しい機材を導入したんですが、チェックインのとき、男性のお客さまが〝この機材に乗るのを楽しみに来た〟とおっしゃったんです。ふとチェックイン端末を見ると、ずいぶん前から予約をくださっていることがわかって。機材の導入日をご存じだったのだと思います」

希望は富士山が見える窓側の席。チェックインカウンターが混雑していたので、

「前からご予約いただいていましたね。ありがとうございます」という言葉を添えました。

「ただ、やはりうれしかったので、少し時間ができたときにメッセージカードを書きまして、ゲート担当者に〝客室乗務員に伝えて、この席のお客さまに渡してくださ い〟と申し送りしました。そうしたら、話を聞いた担当の客室乗務員も喜んで、自分でもカードを書いて。2枚のカードをお客さまに機内でお渡ししたんです」

まさに「最高のバトンタッチ」でした。しかし、話はこれで終わりではありませんでした。

「お客さまが機内で私と客室乗務員宛に手紙を書いてくださり、それを到着ゲートの担当者に渡してくださって。しかも、本社にも〝感動しました〟というメールを送ってくださったんです。お客さまはおそらくJALフィロソフィもご存じで、連携に驚きました、と書いてくださいました。最高のバトンタッチができて、とてもうれしかったです」

立ちっぱなしも多い仕事。体力的に厳しいときもあると言います。大変さもありま

すが、常にプロフェッショナルとして、お客さまの前に立たないといけない、と田島さん。

「お客さまが100人いらっしゃったら、100通りの接客があると思うんです。お客さまの心を自分の心で感じ取って、お客さまの心にいかに寄り添うことができるか。それができて初めて、おもてなしだったり、感動につながっていくのだと思っています。やはり、心が大事なんです」

お客さまからの意外な言葉で気づけたこと

２０１４年の第３回「空港サービスのプロフェッショナルコンテスト」で本選に出場したのが、福岡空港の佐藤好《このみ》さん。２００７年の入社です。

「大学時代は経営学を学んでいて、同級生の多くは金融機関に就職しました。私は人と接することが大好きで、接客業に就きたいと思っていました。学生時代に旅行で飛行機を使ったりしましたが、空港に来ると、なんだかワクワクするし、楽しい気持ちになる。ここで接客の仕事ができたら、というところでグランドスタッフにつながりました」

入社後は、こんなことまでするんだ、こんな知識も必要になるんだ、と驚いたと語ります。

「搭乗手続きをするだけなのかな、と思っていたのですが、航空券の運賃を計算したり、表からは見えない仕事が、たくさんありました」

仕事をするときには、JALフィロソフィを常に意識してきたそうです。特に好きなのは、「常に謙虚に素直な心で」。

「働き始めて改めて感じたのは、ああいう先輩になりたい、後輩だけど素敵だな、という尊敬できる人が必ず近くにいることです。いいな、と思うところを真似したり、自分の中に取り入れていったりする意識を、みんなが持っている職場だと感じています」

一方で、サービスの難しさも実感してきた、と語ります。

「例えば、アナウンスにしても、自分がうまく言えた、という自己満足で終わっていたらいけません。しっかりとお客さまに伝わっていないといけない、と常に心がけています」

とはいえ、伝えなければいけない情報はたくさんあります。それを盛り込まないといけない。何か工夫をしないと、ただアナウンスしているだけでは伝わらないこともあります。

「やはり日々工夫はしますね。アナウンスは基本文例があるのですが、例えば地域に合った言い回しや文例を作って活用するなどしています」

空港によっては、あえて方言を交ぜてアナウンスすることもあるそうです。これが意外に好評なのだとか。また、天候や起きていることなど、そのときどきの状況も、アナウンスに盛り込んだりします。

「福岡空港では工事が行われていますので、騒音でご迷惑をおかけしています、とひと言加えています。また、ラウンジは静かな時間を提供していますので、アナウンスには気をつける必要があります」

まだ新人の頃にあった、今の仕事につながる、こんなエピソードをよく覚えているそうです。

「難聴のお客さまのチェックインを担当したのですが、最終的に私が搭乗ゲートまでご案内しました。お話をするのが大好きなお客さまだったのですが、機内にお見送りするときに、お客さまからメッセージカードをいただきました」

お礼の言葉も並んでいましたが、〝自分のサービスに満足していませんか〟と書かれていたのだそうです。

「読んだときに、ハッとしました。サービスというのは、お客さまが決めるものなのだ、と」

自分でいいと思って取り組んだことが、すべてプラスになるとは限らない。決めるのは、自分ではない、ということです。

「もう何度もご利用くださっているお客さまでした。そういう気持ちで、これからも頑張って、ということを伝えてくださったのだと思いました」

自分の中で、ひとつステージを変える出来事になったのだそうです。

あらゆる方法を確認して、代替案を作っていく

福岡空港のグランドスタッフの組織は、約20人のユニットによって構成されています。その一つの副ユニット長を務めているのが、橋田翠《みどり》さん。2000年の入社です。

「両親が旅行好きでしたので、よく飛行機に乗っていました。飛行機に関連がある、ということで、物心ついた頃から目指してみたい夢の職業が、グランドスタッフでし

た」

　サービス全般ができる、というのも魅力だったそうです。

「もともと身体を動かすのも好きでしたし、パソコンに触るのも好きでしたので、自分に合っていたのかな、と思います。常に楽しさを感じながら仕事をしています」

　経験を積み、評価を受け、3年前までテクニカルセンターで教官も務《つと》めていました。

「今は責任者のポジションに就いていますので、後輩たちが円滑に働くことができるように常に気を配って業務にあたっています。部下がちょっと困ったような表情をしていたり、わからないところがあったりするときには、タイムリーに指導ができるような態勢をとっています」

　チェックインカウンターであれば、インチャージと呼ばれるその日の責任者を担当することが多いそうです。

「ゲートにも責任者がいます。お客さまからお問い合わせがあった際にも、すぐに向かえるような態勢をとっています」

　指導やマネジメントにあたっては、意識していたことがあると語ります。

「常に楽しく仕事をやりなさい、と伝えています。それは表情にも出てきますし、お客さまにも伝わっていきます。やはり、明るい表情でカウンターに立つことが大切です」

ただ、乗客の要望にすべて応《こた》えることができれば楽しいかもしれませんが、それが必ずしもできないのが、グランドスタッフの仕事でもあります。

「そこで、代替案を考えて、次に提示できるものが用意できるか。〝これはできません〟ではなくて、これはできないのですが、代わりにこういうことならどうでしょうかと、どのくらい代替案に頭を巡らせることができるかどうか。それが問われてきます」

求められるのは、機転、そして豊富な知識です。

「お客さまに寄り添って、お客さまがその先、何を望んでいらっしゃるのかを考えて次に動く必要があります。台風で欠航になるのであれば、次の日以降の振り替えになってきますので、地上交通をお調べしてご提案をすることもあります。どうしても当日中に出発されるのであれば、どこか経由便をお探しいたします」

実際、インタビュー前日にこんなことがあったのだそうです。鹿児島の天候不良で羽田から鹿児島に向かう便が福岡に臨時着陸したのです。

「約250名のお客さまがご搭乗されていましたが、鹿児島から離島方面に乗り継ぎを予定されていた方が、50名近くいらっしゃいました」

その中に、遅い夏休みで与論島に行く予定にしていたご夫婦がいたそうです。

「福岡から鹿児島経由の飛行機はすでに満席でした。何とか与論島に行く方法はないか、手段を確認したところ、沖縄経由という選択肢があることがわかりました」

福岡から与論島に行くには、鹿児島経由と沖縄経由がありました。どちらも一泊することが必要でした。

「お客さまはリゾートでのご出発でしたので、沖縄のほうが楽しんでいただけるのでは、とご提案をしました。そんな方法があったのか、沖縄に泊まれるなんて、と喜んでお受けくださり、ご出発いただきました」

こういうとき、搭乗券やホテルを急ぎ手配するのも、グランドスタッフの仕事です。

「ありとあらゆる方法を確認して、お客さまがいかに早く到着できるのか、お調べして、ご提案をしていきます。お客さまに納得していただけるまで対応させていただく。〝では、それで〟〝ありがとう〟という言葉をいただけるのが、やはりうれしいですね」

ＡＩにはできない、血の通った温かいサービス

最後にご紹介するのは、すでにご登場いただいた羽田空港国際部室長で教官の黒崎雅美さん。１９９３年の入社です。

「私は新潟県の出身なのですが、空港からはとても遠い場所に実家がありました。ですから、空や飛行機への憧れはとても強かったんです。漠然と、飛行機に関わる仕事がしたい、しかもよりお客さまとの接点が多い地上での仕事をしたい、と憧れるようになりました」

ＪＡＬに決めたのは、就職活動のときにＪＡＬの人たちの印象がとても良かったからだそう。成田空港の国際線のグランドスタッフとして長く勤務、教官を経て今に至ります。約２００人を率いる仕事。マネジメントでは、どんなことを意識しているのでしょうか。

「10のグループに分けていまして、それぞれリーダーを付けていますが、**リーダーに伝えているのは、まずはメンバーに自分の言葉で語ってください、ということです。**例えば、グループに大切な何かを伝えなければいけないとき、メールを送れば済んで

しまう時代なのかもしれません。しかし、できるだけミーティングを持って、自分の口で、しっかりと伝えてほしい、とお願いしています」

顔を合わせることの大切さを、わかっているからだ、と語ります。これは普段、フェイストゥフェイスで接客をし続けているグランドスタッフの経験があるからこそ、なのかもしれません。

「全員が揃《そろ》ってのミーティングができないこともあります。もし参加できなかったメンバーがいれば、職場の範囲が広いですから、少し手間はかかりますが、しっかりと現場に出て顔を見て伝える。そんなことをしてでも、直接、自分の口から伝えてほしい、と言っています」

直接、口で伝えるからこそ、伝わるメッセージがある、ということ。それが、JALらしいマインドを生む、ということなのでしょう。

そしてもうひとつが、自分たちが手本になっていく、ということです。

「リーダーは、若い世代にとって、目指すべき理想像になっていないといけません。長く働いたら、こうなっていくんだ、というふうに、みんな見ているわけです。そうした道のイメージを作っていくのも、私たちリーダーの仕事だと思っています」

もし、先輩や上司が楽しんで仕事をしていれば、みんなも同じように楽しんで仕事をするようになるわけです。

「服装もそうですし、身だしなみもそうです。あんなふうになりたくない、長く働くとああなるのか、なんて思われたらいけない。若い女性が多いので、必ず目標になる何かがないと、と思っています。私たち一人ひとりが、働くことでこんなに生き生きできるんだ、と示さないと。だから、私たちから楽しんで、仕事に誇りを持つ。ＪＡＬグループの目指しているものを、私たちから好きになる。そういう姿勢が、何より大切だと考えています」

テクノロジーの進展で、グランドスタッフの仕事にも、影響が出てくるかもしれません。例えば、ＡＩの存在。

「守るべきものと変化をともに受け入れること、会社としては両方が大切だと思っていますので、スピードを求められるお客さまのためにも、同時進行で入れていくべきだと思っています。ただ、譲れないものもあります。冷たい機械に、人と同じような血の通ったお声がけは絶対にできないと思っています」

目の前で転んでしまった人に、「大丈夫ですか？」までは機械に言えるかもしれない、と続けます。

「でも、お怪我《けが》の具合はいかがですか？　絆創膏《ばんそうこう》をお使いになりますか？　道中お気をつけていってらっしゃいませ、といった言葉がAIから出てくるまでには、まだまだずいぶんかかるのではないでしょうか。また、そこに温かさがあるかどうか」

特に国内線では、機械でのチェックインはどんどん増えています。しかし、教官時代、こんな話をしていたそうです。

「私たちにしかできない仕事が絶対にあるはずだ、ということです。それを考えて動かないといけない。そのためには、よく見る目を持つこと。よくしゃべる口を持つこと。しかも、美しい口調で。それは、やはり私たちにしかできないと思っています。ここは、守っていきたい。人で勝負したい」

人にしか、自分たちにしかできないことがある。機械が進化するのであれば、グランドスタッフもまた、進化していけばいいのです。

グランドスタッフ全員が「ＪＡＬらしさ」を探し続けている

グランドスタッフ、教官、組織のリーダーへのインタビューを通じて印象的だったのは、みなさんとても個性的だった、ということです。

もちろん、「統一美」が意識されているわけですから、雰囲気や言葉づかいなど、共通項もたくさんあるのですが、それだけではない。とてもパーソナリティがしっかりしていて、サービスに対してのこだわりも、それぞれなのです。ともすれば、マニュアル的、杓子定規《しゃくしじょうぎ》になってしまいかねない接客対応も、意外に自由に行われていた、ということも改めて知りました。

日本にも、世界にも、航空会社はたくさんありますが、もしかしたら、こういうところこそ「ＪＡＬらしさ」なのかもしれません。

今回のインタビューでは、「ＪＡＬらしさとは何か」ということについても、度々うかがってきました。とても興味深かったのは、そのコメントがこれまた多岐にわたっていた、ということでした。

「お客さまと楽しいという気持ちでウインウインの関係になれること」（陣野さん）

「期待値の高さを上回ったときにこそ、ＪＡＬに乗って良かった、とお客さまに言っていただけるのだと思います。そんなふうに〝ねぇねぇ聞いてよ〟と勧めたくなるような、家に戻ってきて思い出したときに〝あのＪＡＬのスタッフ良かったな〟とちょっと頭の片隅に残していただけるような、そういうサービスができることだと思っています。だから、心がけないといけないのは、一人ひとりのお客さまを大切にすること。次につながる言葉です」（町野さん）

「心を込めておもてなしができて、それを自分だけでなくお客さまと一緒にチャレンジし続けられること。お客さまの夢や希望を一緒に応援できることが、ＪＡＬらしさだと思います」（水野さん）

「常に自ら考えながら、考えて動くおもてなしができること」（田島さん）

「いろいろな挑戦を続けるチャレンジ精神」（佐藤さん）

「お客さまに寄り添った接客が、フルサービスキャリアとしてお客さまをお出迎えすることにつながっている」（橋田さん）

「ＪＡＬらしいね、と言っていただけることが、正解だと思っています。何かはっきりと答えがあるわけではないのですが、それはＪＡＬらしいね、と。そういうものを、どんどん推《お》していこう、と。私たちができる日本のおもてなし、私たちにしかできないこと、私たちだからできることを、着実に誠実にまじめにやっていくこと。それがＪＡＬらしさかな、と思います」（黒崎さん）

ひとつ発見したのは、「ＪＡＬらしさ」というものが、はっきりとは決まっていないけれど、それはそれでいいのだな、ということでした。

そしてその背景にあるのが、もうすでに何度も出ているＪＡＬフィロソフィなのだと思います。ＪＡＬフィロソフィをベースに、それを体現しようとすることが、それこそ共通のＪＡＬフィロソフィになっています。この気持ちを持っているからこそ、ＪＡＬらしさが生まれてくるのです。

なぜなら、ＪＡＬフィロソフィには、答えは書かれていないからです。コンテストの運営担当者で、自身もグランドスタッフ経験のある空港企画部の村山千絵さんがこんな話をしてくれました。

「あのお客さまに対しては満足していただけたけれど、次のお客さまに同じようにしても満足していただけるとは限らない。グランドスタッフが送っているのは、こういう日々なんです。正解のない答えを、みんなが毎日、探しているのだと思います」

こうしたグランドスタッフの仕事と、ＪＡＬフィロソフィとは、共通するところがとても多いのかもしれません。ＪＡＬフィロソフィは、今もグランドスタッフの仕事のベースになっています。それは彼女ら彼らの行動指針であり、誇りなのです。

そして同時にＪＡＬフィロソフィは、経営破綻から奇跡の復活を果たしたＪＡＬの精神的支柱でもありました。

企業経営にとって、あるいはマネジメントにとって、さらにはサービスにとって、何が本当に大事になってくるのか。

ＪＡＬの再生は、それを教えてくれています。

おわりに

最後までお読みいただき、ありがとうございます。

「なぜ、ＪＡＬのグランドスタッフは、あんなに感じがいいのか？」

それを、できるだけわかりやすくひもとき、多くの人が日々の仕事のヒントにできるような内容を意識して、筆を走らせてきたつもりです。

今回、たくさんのグランドスタッフに取材をさせていただき、こうして彼女ら彼らの頑張りを世にご紹介することができたのは、私自身とてもうれしく思っています。

なぜなら、本当に彼女ら彼らは素晴らしい努力をされていたからです。

もっともっと多くの人にＪＡＬのグランドスタッフの存在を、その姿を知ってもらえたら、と思います。そして本書でご紹介してきたことが、サービス業に限らず、いろいろな職業の方のお役に立つことができたなら、大変幸いです。

それにしても改めて思うのは、空港にこんなにも素晴らしいサービスのプロフェッショナルがいたということ。こんなにも奮闘している人々の姿があったとは、こんなドラマが繰り広げられていたとは……。私自身、たくさんの驚きと学びを得ました。
長時間の取材に快く応じてくださったＪＡＬのグランドスタッフのみなさま、関係者のみなさまに、感謝申し上げます。

最後になりましたが、本書を執筆するにあたっては、担当編集である河出書房新社の高木れい子さん、出版プロデューサーの神原博之さんにお世話になりました。まったく別の仕事でご一緒したことがご縁で、今回の企画を私にお声がけくださったのが、神原さんでした。加えて、資料の作成にあたっては、野崎裕美さんにお世話になりました。この場を借りて、感謝申し上げます。

２０１７年11月

上阪　徹

文庫版あとがき

どんな場面でも活きてくるノウハウがある

ＪＡＬのグランドスタッフについて取材していて何より驚いたのは、そのおもてなしにはマニュアルがない、ということでした。それでもあのレベルのサービスができる。そこには、しっかりとした理由がありました。

そして取材で感じたのは、これこそ「究極のサービス」といえるのではないかという思いでした。人の印象は一瞬にして決まります。空港のチェックインや搭乗ゲートなど、ほんのわずかな時間で好印象を作らなければいけないグランドスタッフは、その極めて難しいサービスを実現しているのです。

そのスキルやマインドは、接客を伴うサービス業はもちろんのこと、多くの企業の参考になるものだと思います。

例えば、営業の場面。営業担当者の印象の善し悪しは、間違いなく成約を大きく左右するでしょう。表情、立ち居振る舞いなど、グランドスタッフのノウハウは、すぐに活かせるものがたくさんあります。

リモートワークの拡大によって、直接対面しないコミュニケーションも増えています。これまで以上に印象作りは大事になっている。一瞬での判断が、パソコンのモニター上で行われてしまうのです。

また例えば、社内の研修でも、グランドスタッフを育成するためのトレーニングの考え方やノウハウ、教官の取り組みが、サービス力向上のためのプログラムに活かせるはずです。

個人においても、採用面接などで活きてくると思います。感じがよい対応とはどういうものか。それを知ることは、そのまま面接の印象につながっていきます。

顔を合わせてのサービスのみならず、例えばウェブ上でのテキストのコミュニケーションにも、グランドスタッフのノウハウは活きてくると感じています。その徹底したカスタマーファーストの姿勢は、テキストを通じても伝わるからです。

私は文章を書く仕事をしていますが、こちらの思いというのは想像以上に文章に出てしまうものです。テキストをただ書くか、しっかり思いを持って書くかで、まったく違う印象の文章ができあがります。

インターネット上でのビジネスでも、「究極のサービス」ともいえるグランドスタッフから学べることは間違いなくあるはずです。

もっといえば、会社そのものをどのように好印象にしていくかという点で、ＪＡＬの取り組みは経営の参考になると思います。どうすれば、グランドスタッフのようなプロフェッショナリズムやおもてなしの精神を持てるようになるのか。

そこには単なる表面的なトレーニングだけではなく、ＪＡＬフィロソフィに始まるサービス意識があります。どのくらいお客さま視点に立てるか。どのくらい想像力を持てるか。サービスの力をどのくらい信じられるか。ここでも、ＪＡＬとグランドスタッフから学べることがたくさんあります。

人は誰しも、「あの人は感じがいいね」と思われたいはずです。思われたくない人は、おそらくいないと思います。会社も同様です。そのために、できることがある。そうなるためのヒントが、グランドスタッフのスキルとマインドには潜んでいます。

その意味で、本書に掲載されているのは、いつでも、どんな場面でも活きてくるノウハウです。ぜひ多くの方に、参考にしていただけたらと思います。

２０１８年1月に刊行され、好評をいただいた本書ですが、それから3年を経ずして世界は想像もしていなかった事態に見舞われることになりました。新型コロナウイルスの世界的流行です。

国内はもちろん世界中の経済が大きなダメージを受けました。中でも大きな影響を被ったのが、航空業界でした。人の移動が滞り、便数はギリギリまで減ることになりました。飛行機を使う機会がまったくなくなってしまった、という人も少なくないかもしれません。私もその一人です。

こうなると、空港で働くグランドスタッフの皆さんの心地良い接客やサービスを体感することができません。

しかし、たくさんのグランドスタッフに取材することで、その心髄を残すことができた本書があります。ぜひ、グランドスタッフのホスピタリティを思い出していただけたらと思います。

そして早くコロナ禍が去り、かつてのような日常が戻って、世界の、日本の空港で大勢のグランドスタッフの皆さんの爽やかな笑顔に、素敵なサービスに再び会える日を心待ちにしています。

２０２１年１月

上阪　徹

本書は二〇一八年一月、単行本として小社より刊行されました。

取材協力／日本航空株式会社
企画・編集協力・装丁／神原博之（K.EDIT）
本文デザイン／茂呂田剛（エムアンドケイ）

JALの心《こころ》づかい

グランドスタッフが実践《じっせん》する究極《きゅうきょく》のサービス

二〇二一年四月一〇日　初版印刷
二〇二一年四月二〇日　初版発行

著　者　上阪徹《うえさかとおる》
発行者　小野寺優
発行所　株式会社河出書房新社
〒一五一－〇〇五一
東京都渋谷区千駄ヶ谷二－三二－二
電話〇三－三四〇四－八六一一（編集）
〇三－三四〇四－一二〇一（営業）
https://www.kawade.co.jp/

ロゴ・表紙デザイン　粟津潔
本文フォーマット　佐々木暁
本文組版　KAWADE DTP WORKS
印刷・製本　中央精版印刷株式会社

Printed in Japan　ISBN978-4-309-41805-6

日本の伝統美を訪ねて

白洲正子　40968-9

工芸、日本人のこころ、十一面観音、着物、骨董、髪、西行と芭蕉、弱法師、能、日本人の美意識、言葉の命……をめぐる名手たちとの対話。さまざまな日本の美しさを探る。

日本人のくらしと文化

宮本常一　41240-5

旅する民俗学者が語り遺した初めての講演集。失われた日本人の懐かしい生活と知恵を求めて。「生活の伝統」「民族と宗教」「離島の生活と文化」ほか計六篇。

知れば恐ろしい　日本人の風習

千葉公慈　41453-9

日本人は何を恐れ、その恐怖といかに付き合ってきたのか?!　しきたりや年中行事、わらべ唄や昔話……風習に秘められたミステリーを解き明かしながら、日本人のメンタリティーを読み解く書。

花鳥風月の日本史

高橋千劔破　41086-9

古来より、日本人は花鳥風月に象徴される美しく豊かな自然のもとで、歴史を築き文化を育んできた。文学や美術においても花鳥風月の心が宿り続けている。自然を通し、日本人の精神文化にせまる感動の名著！

一冊でつかむ日本史

武光誠　41593-2

石器時代から現代まで歴史の最重要事項を押さえ、比較文化的視点から日本の歴史を俯瞰。「文明のあり方が社会を決める」という著者の歴史哲学を通して、世界との比較から、日本史の特質が浮かび上がる。

日本

姜尚中／中島岳志　41104-0

寄る辺なき人々を生み出す「共同体の一元化」に危機感をもつ二人が、日本近代思想・運動の読み直しを通じて、人々にとって生きる根拠となる居場所の重要性と「日本」の形を問う。震災後初の対談も収録。

ことばと創造　鶴見俊輔コレクション4

鶴見俊輔　黒川創〔編〕　41253-5

漫画、映画、漫才、落語……あらゆるジャンルをわけへだてなく見つめつづけてきた思想家・鶴見は日本における文化批評の先駆にして源泉だった。その藝術と思想をめぐる重要な文章をよりすぐった最終巻。

くらしとことば

吉野弘　41389-1

「夕焼け」「祝婚歌」で知られる詩人ならではの、言葉の意味の奥底に眠るロマンを発見し、細やかなまなざしが人生のすみずみを照らす、彩り豊かなエッセイ集。

感じることば

黒川伊保子　41462-1

なぜあの「ことば」が私を癒すのか。どうしてあの「ことば」に傷ついたのか。日本語の音の表情に隠された「意味」ではまとめきれない「情緒」のかたち。その秘密を、科学で切り分け感性でひらくエッセイ。

日本語のかたち

外山滋比古　41209-2

「思考の整理学」の著者による、ことばの姿形から考察する、数々の慧眼が光る出色の日本語論。スタイルの思想などから「形式」を復権する、日本人が失ったものを求めて。

日本語と私

大野晋　41344-0

『広辞苑』基礎語千語の執筆、戦後の国字改革批判、そして孤軍奮闘した日本語タミル語同系論研究……「日本とは何か」その答えを求め、生涯を日本語の究明に賭けた稀代の国語学者の貴重な自伝的エッセイ。

いまをひらく言葉

武田双雲　41446-1

何気ないひと言で人生が変わることがある。一つひとつの文字に宿る力、日々の短い言葉に宿る力。言葉によって人生はどれほど豊かになるだろう――溢れる想いを詰め込んだ書道家・武田双雲初の“言葉集”。

教科書では教えてくれない　ゆかいな日本語

今野真二　41653-3

日本語は単なるコミュニケーションの道具ではない。日本人はずっと日本語で遊んできたと言ってもよい。遊び心に満ちた、その豊かな世界を平易に解説。笑って読めて、ためになる日本語教室、開講。

現古辞典

古橋信孝／鈴木泰／石井久雄　41607-6

あの言葉を古語で言ったらどうなるか？　現代語と古語のつながりを知るための「読む辞典」。日常のことばに、古語を取り入れれば、新たな表現が手に入る。もっと豊かな日本語の世界へ。

広辞苑先生、語源をさぐる

新村出　41599-4

あの『広辞苑』の編纂者で、日本の言語学の確立に大きく貢献した著者が、身近な事象の語源を尋ね、平たくのんびり語った愉しい語源談義。語源読み物の決定版です。

異体字の世界　旧字・俗字・略字の漢字百科〈最新版〉

小池和夫　41244-3

常用漢字の変遷、人名用漢字の混乱、ケータイからスマホへ進化し続ける漢字の現在を、異形の文字から解き明かした増補改訂新版。あまりにも不思議な、驚きのアナザーワールドへようこそ！

教科書では教えてくれないゆかいな語彙力入門

今野真二　41701-1

語彙力は暗記では身につきません！　楽しい、だけど本格的。ゆかいに学べて、一生役に立つ日本語教室、開講。場面に応じた言葉をすっとひきだせる、ほんとうの語彙力の鍛えかたを授けます。

大野晋の日本語相談

大野晋　41271-9

一ケ月の「ケ」はなぜ「か」と読む？　なぜアルは動詞なのにナイは形容詞？　日本人は外国語学習が下手なの？　読者の素朴な疑問87に日本語の泰斗が名回答。最高の日本語教室。

脳を最高に活かせる人の朝時間

茂木健一郎　41468-3

脳の潜在能力を最大限に引き出すには、朝をいかに過ごすかが重要だ。起床後3時間の脳のゴールデンタイムの活用法から夜の快眠管理術まで、頭も心もポジティブになる、脳科学者による朝型脳のつくり方。

脳が最高に冴える快眠法

茂木健一郎　41575-8

仕事や勉強の効率をアップするには、快眠が鍵だ！　睡眠の自己コントロール法や“記憶力”“発想力”を高める眠り方、眠れない時の対処法や脳を覚醒させる戦略的仮眠など、脳に効く茂木式睡眠法のすべて。

アメリカ人はどうしてああなのか

テリー・イーグルトン　大橋洋一／吉岡範武〔訳〕　46449-7

あまりにブラック、そして痛快。抱腹絶倒、滑稽話の波状攻撃。イギリス屈指の毒舌批評家が、アメリカ人とアメリカという国、ひいては現代世界全体を鋭くえぐる。文庫化にあたり新しい序文を収録。

オックスフォード&ケンブリッジ大学　世界一「考えさせられる」入試問題

ジョン・ファーンドン　小田島恒志／小田島則子〔訳〕　46455-8

世界トップ10に入る両校の入試問題はなぜ特別なのか。さあ、あなたならどう答える？　どうしたら合格できる？　難問奇問を選りすぐり、ユーモアあふれる解答例をつけたユニークな一冊！

オックスフォード&ケンブリッジ大学　さらに世界一「考えさせられる」入試問題

ジョン・ファーンドン　小田島恒志／小田島則子〔訳〕　46468-8

英国エリートたちの思考力を磨いてきた「さらに考えさせられる入試問題」。ビジネスにも役立つ、どこから読んでも面白い難問奇問、まだまだあります！

バビロンの大金持ち

ジョージ・S・クレイソン　楡井浩一〔訳〕　46478-7

世界中で読み継がれてきた物語仕立ての成功哲学書の原点、待望の文庫化！　読む度に新たな気づきがある。お金を「貯める」「増やす」「守る」ための、基本的な方法を知りたい人へ。

ヘタな人生論より一休のことば

松本市壽　41121-7

生きにくい現代をどのように生きるのか。「とんちの一休さん」でおなじみ、一休禅師の生き方や考え方から、そのヒントが見えてくる！　確かな勇気と知恵、力強い励ましがもらえる本。

ヘタな人生論より徒然草

荻野文子　40821-7

世間の様相や日々の暮らし、人間関係などを“融通無碍な身の軽さ”をもって痛快に描写する『徒然草』。その魅力をあますことなく解説して、複雑な社会を心おだやかに自分らしく生きるヒントにする人生論。

ヘタな人生論より万葉集

吉村誠　41133-0

宮仕えのつらさ、酒飲みへの共感、老年期の恋への戸惑い、伴侶を失った悲哀……。今と変わらぬ心の有り様が素直に詠みこまれた『万葉集』から、生きるヒントを読みとる。

人生の収穫

曾野綾子　41369-3

老いてこそ、人生は輝く。自分流に不器用に生き、失敗を楽しむ才覚を身につけ、老年だからこそ冒険し、どんなことでも面白がる。世間の常識にとらわれない独創的な老後の生き方！ベストセラー遂に文庫化。

人生の原則

曾野綾子　41436-2

人間は平等ではない。運命も公平ではない。だから人生はおもしろい。世間の常識にとらわれず、「自分は自分」として生き、独自の道を見極めてこそ日々は輝く。生き方の基本を記す38篇、待望の文庫化！

人生に必要な知恵はすべて幼稚園の砂場で学んだ

ロバート・フルガム　池央耿〔訳〕　46421-3

生きるのに必要な知恵とユーモア。深い味わいの永遠のロングセラー。“フルガム現象”として全米の学校、企業、政界、マスコミで大ブームを起こした珠玉のエッセイ集、決定版！

人生作法入門

山口瞳　41110-1

「人生の達人」による、大人になるための体験的人生読本。品性を大切にしっかり背筋を伸ばして生きていきたいあなたに。生き方の様々なヒントに満ちたエッセイ集。

生きるための哲学

岡田尊司　41488-1

生きづらさを抱えるすべての人へ贈る、心の処方箋。学問としての哲学ではなく、現実の苦難を生き抜くための哲学を、著者自身の豊富な臨床経験を通して描き出した名著を文庫化。

おとなの進路教室。

山田ズーニー　41143-9

特効薬ではありません。でも、自分の考えを引き出すのによく効きます！自分らしい進路を切り拓くにはどうしたらいいか？「ほぼ日」人気コラム「おとなの小論文教室。」から生まれたリアルなコラム集。

軋む社会　教育・仕事・若者の現在

本田由紀　41090-6

希望を持てないこの社会の重荷を、未来を支える若者が背負う必要などあるのか。この危機と失意を前にし、社会を進展させていく具体策とは何か。増補として「シューカツ」を問う論考を追加。

考えるということ

大澤真幸　41506-2

読み、考え、そして書く――。考えることの基本から説き起こし、社会科学、文学、自然科学という異なるジャンルの文献から思考をつむぐ実践例を展開。創造的な仕事はこうして生まれる。

たしなみについて

白洲正子　41505-5

白洲正子の初期傑作の文庫化。毅然として生きていく上で、現代の老若男女に有益な叡智がさりげなくちりばめられている。身につけておきたい五十七の心がまえ、人生の本質。正子流「生き方のヒント」。

幸せを届けるボランティア　不幸を招くボランティア

田中優　41502-4

街頭募金、空缶拾いなどの身近な活動や災害ボランティアに海外援助……これってホントに役立ってる？　そこには小さな誤解やカン違いが潜んでいるかも。"いいこと"したその先に何があるのか考える一冊。

親子が輝くモンテッソーリの言葉　21の子育てメッセージ

相良敦子　41682-3

藤井七段も学んだ注目のモンテッソーリ教育。家庭で何を教えたらいいか？　モンテッソーリの子育てヒントを、具体的な実例を上げながら、分かりやすくイラストも交えて紹介。入門者に最適。

パリジェンヌ流　今を楽しむ！自分革命

ドラ・トーザン　41583-3

自分のスタイルを見つけ、今を楽しんで魅力的に生きるフランス人の智恵を、日仏で活躍する生粋のパリジェンヌが伝授。いつも自由で、心に自分らしさを忘れないフランス人の豊かで幸せな生き方スタイル！

ヒーリングレッスン

寺尾夫美子　41019-7

仕事も恋愛も思い通りの、幸運な人生をプロデュース！　心も体も若々しい本来の自分を取り戻すには、七つのチャクラを活性化させることが大切。セルフヒーリングのコツを易しく丁寧に解説。

ヒマラヤ聖者の太陽になる言葉

ヨグマタ相川圭子　41639-7

世界でたった二人のシッダーマスターが伝える五千年の時空を超えたヒマラヤ秘教の叡智。心が軽く、自由に、幸福になる。あなたを最高に幸せにする本！

本当の自分とつながる瞑想

山下良道　41747-9

心に次々と湧く怒り、悲しみ、不安…。その苦しみから自由になり、「本当の自分」と出会うための瞑想。過去や未来へ飛び回るネガティブな思考を手放し、「今」を生きるための方法。宮崎哲弥氏・推薦。